MARIO ALONSO PUIG

Es médico, especialista en Cirugía General y Digestiva, especialidad que ha ejercido a lo largo de veintiséis años. Formado entre otros lugares, en la Universidad de Harvard en Boston, en el IMD de Lausanne y en el Instituto Tavistock de Londres, ha dedicado gran parte de su vida a investigar cómo aflorar el potencial humano especialmente en momentos de desafío, incertidumbre y cambio.

Fue nombrado en el 2011 miembro del Leadership Council del World Economic Forum (Davos) y obtuvo en el 2012 el premio al mejor comunicador en salud por la ASEDEF. El doctor Alonso Puig ha sido invitado a hablar sobre el Liderazgo y el Espíritu Emprendedor por instituciones como el IE Business School de Madrid, el Global Leadership Center de Insead en París, la Universidad Pitágoras de Brasil, la Universidad CEIBS de Shanghai, la Cámara de Comercio Europea de China, el IGMP de Corea o la Universidad Globis de Tokio.

Actualmente imparte cursos y conferencias sobre liderazgo, gestión del estrés, comunicación, trabajo en equipo, creatividad e innovación, tanto a nivel nacional como internacional.

Dr. Mario Alonso Puig

Madera de líder

Claves para el desarrollo de las capacidades de liderazgo en la empresa y en la vida

EMPRESA ACTIVA

Argentina - Chile - Colombia - España
Estados Unidos - México - Perú - Uruguay - Venezuela

1.ª edición Septiembre 2012

Copyright © 2012 by Mario Alonso Puig
© 2004, 2012 *by* Ediciones Urano, S.A.U.
Aribau, 142, pral. - 08036 Barcelona
www.empresaactiva.com
www.edicionesurano.com

ISBN: 978-84-96627-50-5
E-ISBN: 978-84-9944-316-4
Depósito legal: B - 24.328 - 2012

Fotocomposición: Ediciones Urano, S.A.U.

Impreso en España - *Printed in Spain*

A mi mujer Isabela,
a mis hijos Mario, Joaquín y Borja,
a mi madre M.ª Celia
y a la memoria de mi padre José María,
a mis cinco hermanos José María, Manuel,
Juan Ignacio, Fernando y Alejandro
por su apoyo y su cariño constante
e incondicional.

Índice

Agradecimientos

Quiero manifestar mi agradecimiento a cuantos me han ayudado a escribir este libro. A Joaquín Sabaté y al que fue mi editor Carlos Martínez y a todo el actual equipo editorial de Empresa Activa, por sus magníficos consejos y por creer en esta obra desde el principio. A Juanjo Boya por ayudarme con sus recomendaciones a que el contenido de esta obra se presentara con mayor claridad para el lector. A todos mis pacientes a lo largo de los años, porque con su influencia continua y positiva me han ayudado a descubrir aspectos fundamentales del liderazgo como la capacidad de hacer frente con coraje al sufrimiento y a la adversidad. A mis compañeros del Centro de Estudios Garrigues, de la Universidad Francisco de Vitoria, y del ie business school, por su constante apoyo y por sus muestras de amistad. A los participantes de mis cursos por todo lo que me han enseñado y por inspirarme continuamente a seguir aprendiendo para crecer y evolucionar. A mis buenos amigos del Hospital de Madrid.

A mi maravillosa familia y a mis extraordinarios amigos, especialmente a María Benjumea, Jaime Antoñanzas, Javier Antoñanzas y París de L'etraz por tantas cosas que con su ejemplo de liderazgo aportan a mi vida.

Prólogo
de Antonio Garrigues Walker

Al final sólo se escucha a quien nos dice —y eso se nota— lo que piensa. Mario Alonso hace justamente eso: decir de verdad lo que piensa. Y además lo dice con un cierto apasionamiento —lo cual es también agradable— pero desde luego sin fanatismo, sin locura, con un alto sentido pragmático, con ganas de convencer y de ayudar.

Madera de líder es un buen libro sobre un tema que estará siempre en cuestión. El liderazgo es una difícil y aún misteriosa asignatura que ha ido y seguirá adaptándose a los cambios políticos y económicos y, de manera especial, a los sociológicos. La evolución hasta ahora nos va conduciendo, con frecuentes retrocesos, desde un liderazgo fuerte y dogmático ejercido por líderes carismáticos autoproclamados o impuestos a un liderazgo blando —pero no débil— y flexible que busca por principio el consenso y que se ejerce democráticamente. Todavía queda mucho por andar en este proceso y por eso es importante ocuparse y preocuparse del tema.

El libro de Mario Alonso no afronta el tema del liderazgo en su sentido clásico y convencional y menos aún en un plano meramente teórico. Su objetivo es más concreto y, sin duda, más difícil: convertir a cada persona en líder de sí mismo, y en ese proceso, además de ofrecernos el ejemplo de los líderes ya consagrados, nos hace ver nuestras posibilidades reales y nos enseña a afrontar los problemas con una mentalidad positiva, con la misma mentalidad y el mismo espíritu que late en la frase de Tagore: «La paloma protesta contra el aire sin darse cuenta de que es el aire lo que la permite volar». Dentro de esta línea de pensamiento, el autor se empeña con fuerza y con decisión en rescatar al mundo actual de su deriva hacia el conformismo y la vulgaridad y propone un sistema basado, nada más y nada menos, que en principios y valores. Su libro habla de compromisos, de responsabilidades, de valentías, de desafíos, del buen sentido, de la integridad, de la grandeza, es decir, de cosas de las que en la sociedad mediática actual no se habla en forma alguna porque intentar elevar constantemente el nivel de exigencia del ser humano —que es exactamente lo que hay que hacer— se ha convertido en una ofensa grave a la condición humana. Hay demasiada gente que coloca el nivel de exigencia a ras del suelo. Mario Alonso nos ayuda a descubrir a estos irresponsables.

Merece, por ello, la pena leer este libro. Merece, además, la pena seguir el camino que nos propone su autor y participar, sin reservas mentales, en el juego de preguntas comprometidas que nos formula respondiéndolas con sinceridad. Es, sin duda, un libro especialmente pensado para gente joven, para gente que está empezando a tener que decidir y optar, para gente que quiera saber honestamente de qué trata este extraño y fascinante oficio de vivir. Pero hay que añadir de inmediato que será útil para cualquier lector, cualquiera que sea su edad y circunstancia, porque nos habla de ideas que siempre conviene refrescar y actualizar. Es un libro en el que se descubren muchas cosas que tendemos a ignorar y a olvidar. Es un libro para ponerse al día en varios temas que nos afectan y nos preocupan. Es, en resumen, un libro serio y válido.

España tiene que plantearse nuevas metas y nuevas estrategias. Estamos viviendo un mundo que reclama todos nuestros talentos y capacidades. Hemos llevado a cabo una transición política, económica y sociológica de forma admirable, pero tenemos que seguir profundizando en nuestra modernización y en especial, en nuestra internacionalización. Soportamos todavía muchos déficits: el diplomático, el tecnológico, el de infraestructuras y sin duda el de sociedad civil. Necesitamos una sociedad civil mucho más comprometida, mucho más crítica e independiente del poder, mucho más organizada. Es ahí donde todos tenemos mucho que aprender y mejorar. Y podemos hacerlo.

Libros como el de Mario Alonso, son especialmente bienvenidos en esta tarea. No hay tareas imposibles. No hay objetivos inalcanzables. Nuestra mente puede cambiar todas las perspectivas negativas. «La imaginación —dice el autor— es algo que nos llena de futuro; a ese lugar donde las cosas que hoy no son, mañana pueden llegar a ser.» Vamos a ver si empezamos a imaginar y a actuar con garra, con sentido, con ambición. Para eso estamos aquí. Para eso —como suele decirse— nos pagan. No para otra cosa. No para permitir que nos inunde el desánimo y la vulgaridad. No para jugarnos frívolamente el futuro. Eso es cosa de necios y farsantes.

Madrid, Junio de 2004

Prólogo

del autor

Para diagnosticar y poder tratar adecuadamente a sus enfermos, un médico debe tener un elevado conocimiento técnico. Esto es lógicamente necesario, pero no es en absoluto suficiente.

Cuando yo entré en la facultad de Medicina, pronto me di cuenta de que allí me iban a explicar un gran número de cosas acerca de la anatomía y la fisiología del ser humano, pero que no iban a poner especial énfasis en enseñarme a comunicarme mejor con mis futuros enfermos. El tema no me parecía trivial, ya que yo había leído que hace ya veintisiete siglos, algunos médicos de la Grecia antigua, utilizaban el poder de las palabras para curar. Algunos de estos singulares médicos, fueron tan famosos en el mundo heleno, que de todas partes acudían para consultarles y solicitar su ayuda.

A dicho proceso de sanación tan peculiar y que no podía ser atribuido a un conocimiento científico especial, sino a una forma diferente de entender la conexión entre comunicación y salud, se le denomino «El Arte Médico», el arte de curar a través de la palabra.

En una sociedad como la actual, tal vez más anclada en la precisión de los conceptos que en la belleza de las palabras, no se utiliza ya el término Arte Médico, sino el de Psiconeuroendocrinoinmunología, para referirnos al poder que tienen el pensamiento y la palabra para influir en nuestra biología. De alguna manera este concepto tan complejo, lo que intenta es reflejar de una manera unificadora y totalizante, la conexión tan estrecha que hay entre mente, sistema nervioso, sistema endocrino y sistema inmunológico. Dicho de otra manera, lo que tal palabra expresa es la manera y los mecanismos a través de los cuales, nuestros pensamientos, a través de nuestro cerebro, afectan a nuestras hormonas, las cuales a su vez influyen en el sistema que nos defiende frente a todo tipo de agresiones.

Durante mis ventiseis años de ejercicio médico-quirúrgico, he podido comprobar en muchas ocasiones, cómo en situaciones muy similares, unos pacientes evolucionaban positivamente y otros no. No era raro ver detrás de gran parte de estas evoluciones más favorables, una mentalidad positiva y un empeño ilusionado y confiado en vencer a la enfermedad.

Desde muy joven y antes de plantearme ni tan siquiera la posibilidad de estudiar Medicina, me he estado preguntando si nuestras capacidades y nuestros talentos revelan por completo la realidad de lo que somos o si, por el contrario, tenemos en nuestro interior, muchas parcelas y capacidades por conocer, aflorar y desplegar. Hoy, con humildad y con firmeza, puedo atestiguar que esto es así y que para lograrlo, primero hemos de conocernos, después comprendernos para aceptarnos . Sólo conociendo nuestros límites y asumiéndolos podremos superarnos rompiéndolos.

Durante más de diecisiete años, muchos de los cuales tuvieron lugar durante mi ejercicio como cirujano y, siguiendo la recomendación de mis enfermos, he presentado este enfoque a múltiples tipos de organizaciones en distintos lugares de mundo. El planteamiento es muy sencillo porque lo único que busca, es que seamos más conscientes de la conexión que hay entre Liderazgo, Felicidad, Eficiencia y Salud. En un momento de cambios tan profundos como el actual, tenemos que asumir la incertidumbre, la ambigüedad y la complejidad. Lo que no tenemos que asumir en medida alguna es la desorientación. El verdadero Liderazgo anclado en unos sólidos valores y en un respeto profundo por la dignidad y el valor extraordinario de la persona, aporta orientación y sentido.

Los verdaderos líderes no son los que nos invitan a escapar de la realidad, sino a crear una nueva realidad. Son ellos y ellas los que nos inspiran con su ejemplo a creer en nosotros mismos y a desplegar todo nuestro potencial. Nuestra sociedad necesita de esas personas que tal vez con frecuencia o que tal vez nunca salgan en un periódico o en un programa de televisión y que sin embargo, tanto ayudan a otros seres humanos a avanzar por ese camino de plenitud.

MARIO ALONSO PUIG
Madrid
Julio 2012

Introducción

Objetivo del libro

He escrito este libro con el objetivo de explicar, desde un punto de vista práctico y con el soporte científico existente, la profunda necesidad de liderazgo que existe en la sociedad actual. Los seres humanos cada vez experimentamos con mayor crudeza los efectos del distrés, una forma muy nociva de estrés que acorta nuestras vidas porque daña nuestro sistema inmunitario; merma nuestra energía porque genera en nosotros una resistencia innecesaria, y afecta a nuestra capacidad intelectual porque deja sin riego sanguíneo aquellas zonas del cerebro más necesarias para tomar decisiones adecuadas.

Este empobrecimiento de nuestros recursos personales afecta de manera muy honda a nuestra capacidad para obtener resultados valiosos en la vida. Mientras pensemos que no hay otra opción para nosotros que soportar la presión creciente que experimentamos en un mundo tan incierto y complejo, poco podremos hacer al respecto. Como decía Henry Ford: «Tanto si usted cree que puede, como si cree que no puede, está usted en lo cierto».

A lo largo del libro vamos a ver hasta qué punto es imprescindible cambiar de mentalidad para obtener mejores resultados. Veremos que la expresión máxima de esta nueva mentalidad es la capacidad de liderar, porque liderar es inspirar, mover en nosotros mismos y en los demás lo más valioso que todos tenemos; es, dicho de otro modo, ayudar a otros a alcanzar una altura superior a la que ellos esperaban, una altura que nosotros sabíamos que estaba a su alcance, aunque ellos desconfiaran.

A través de estas páginas, apreciado lector, descubrirá que a pesar de los tiempos turbulentos que vivimos, en nuestro interior poseemos recursos insospechados, y que si no los vemos, no es porque carezcamos de ellos, sino porque primero tenemos que eliminar los múltiples filtros que nos los tapan.

La diferencia entre percibir una situación de cambio como una amenaza o como una oportunidad depende, fundamentalmente, de la valoración mental que de forma automática hacemos y que nos dice si nuestros recursos son o no son suficientes para hacer frente a esa situación inesperada. A lo largo de estas páginas veremos que en nuestra fisiología, en nuestras hormonas y en nuestra respiración contamos con una cantidad enorme de recursos para evitar el pánico cuando nos enfrentamos a situaciones de gran riesgo y dificultad. Tenemos también una cantidad enorme de recursos en nuestro espíritu, una parte de nuestro ser que puede ayudarnos a conservar la fuerza, la ilusion y la alegría en momentos en los que todo se hace muy cuesta arriba. Tenemos, además, muchos recursos en esas emociones, que cuando se ponen en marcha nos hacen sentirnos tranquilos, poderosos y confiados para plantarle cara a las dudas y al miedo. Tenemos, en fin, infinidad de recursos en nuestra mente para que, ante los problemas, nuestro intelecto en vez de cerrarse y dejarnos sin solución, sea capaz de alcanzar una sorprendente perspectiva y una notable agudeza sensorial. Este es el estado de nuestra mente que va a permitirnos afrontar la situación con una enorme concentración, una concentración en la tarea actual que no se vea mermada por experiencias previas similares en las que hayamos fracasado ni por la preocupación de lo que puede pasarnos en el futuro, si las cosas no salen bien.

Con frecuencia, en mis cursos, la gente debate sobre si el líder nace o se hace. Estas páginas darán una respuesta a esa cuestión desde campos tan diversos como las neurociencias, la historia y la educación. Yo estoy convencido de que los genes son importantes, de eso no hay duda, pero pienso que si ni tan siquiera en los gemelos homocigóticos (que comparten el 100 % del material genético) se expresan las mismas características de personalidad ni las mismas enfermedades, cómo podemos pensar que el que uno sea o no líder se decide de antemano.

Cuando uno lee la vida de muchos líderes, descubre que con frecuencia fueron ciertas situaciones imprevistas las que pusieron en marcha en ellos su característica capacidad para influir en los demás. Mantengamos pues la mente abierta y exploremos en nosotros esa capacidad para generar nuevas posibilidades de crecimiento y abundancia en nuestras vidas y en las de todas aquellas personas que nos rodean.

Metodología

La metodología que vamos a utilizar es de tipo interactivo y para ello le plantearemos una serie de preguntas y reflexiones que le faciliten ver ciertos aspectos de su vida y de su profesión desde un ángulo diferente. Cuando la conciencia del ser humano es llevada a un lugar diferente, las observaciones que se realizan suelen ser muy sorprendentes, tanto que uno se plantea cómo no ha visto antes algo que de repente le parece tan obvio.

El uso de la pregunta es muy antiguo y resulta muy valioso cuando las preguntas que se formulan no pueden responderse de manera automática con un *sí* o un *no*, sino que invitan a pensar con una cierta hondura y a redescubrir ciertos aspectos de la realidad. Muchas de las cuestiones que vamos a ver a lo largo de estos capítulos van a tener una aplicación muy clara en su vida personal y profesional, y por eso es preciso que trabajemos en equipo. Mi misión es hablarle de ciertas cosas que tal vez ya sepa y de otras que a lo mejor necesita refrescar porque las tiene olvidadas en la «buhardilla de tu mente»; mi objetivo fundamental es que tome conciencia de ciertos aspectos de su modo de pensar y actuar que le son desconocidos y que, sin embargo, influyen decisivamente en sus posibilidades de alcanzar el éxito que a usted le interesa.

Dado que hay un principio fundamental del aprendizaje que dice «dímelo y lo oiré, enséñamelo y lo veré, involúcrame en ello y lo aprenderé», mi intención es involucrarle para que use «sus antenas exploratorias» de una forma nueva y para que pruebe de manera proactiva (es decir, porque usted elija hacerlo) los puntos de vista y herramientas que más le interesen de este libro.

Es evidente que nadie aprende a montar en bicicleta, a esquiar o ni tan siquiera a andar porque haya leído un libro: es necesario pasar a la acción para que la idea, el concepto vivido, se integre con fuerza en nuestro propio ser. En este sentido, resulta necesario vencer la pereza que da salir de nuestra zona de confort y probar cosas nuevas. Tal vez los comentarios de algunas de las personas que han practicado estas ideas puedan serle de gran utilidad.

Dado que este libro pretende ser una herramienta de reflexión que le permita desarrollar al máximo sus habilidades de liderazgo, está estructurado como un proceso, o mejor, como una escalera: peldaño a peldaño, página a página, la lectura le irá conduciendo hacia su meta.

Durante la primera parte del libro analizaremos diversos aspectos del modo en que las personas creamos nuestra propia realidad y establecemos nuestra relación con el mundo que nos rodea. Entenderemos cosas tan fundamentales como la conexión existente entre ciertos aspectos del cuerpo, la mente, el espíritu y las emociones, y sus mutuas influencias. Esta parte será de gran importancia para comprender en mayor profundidad ciertos aspectos clave del liderazgo.

En la segunda parte del libro nos dedicaremos a describir con precisión los rasgos del carácter que un líder debe entrenar y desarrollar para despertar fuerzas dormidas en él y en los demás.

A lo largo de la tercera parte del libro estableceremos un programa sencillo y práctico que nos permita revisar continuamente las capacidades y competencias esenciales para alguien que puede influir y transformar.

Cómo aprovechar al máximo este libro

Mi recomendación para afrontar la lectura de este libro es sencilla. Primero, eche un vistazo general para orientarse y para reconocer de una manera visual las distintas partes del libro. A continuación, lea el libro de forma ordenada, pues de lo contrario va a ser más complicado que entienda ciertas cosas relacionadas sobre todo con las neurociencias. El libro está pensado para que le sirva de ayuda muchos años, y estoy convencido de que en cada nueva lectura descubrirá aspectos y matices nuevos.

Este libro tiene el objetivo ambicioso de convertirse en un buen compañero de viaje para usted, y por eso, tal vez, elija llevarlo consigo en los diferentes viajes que la vida le depare. Subraye las ideas que más le gusten y escriba al margen cualquier cosa que le sugieran. Dado que es un libro que nos va a hacer pensar de forma serena pero intensa, es importante que todos los días lea algo para que el hilo conductor esté siempre accesible a la conciencia cuando se encuentre en situaciones que le permitan practicar las habilidades que esté desarrollando.

El contenido que verá en estas páginas ha ayudado a mucha gente a mejorar su vida. Algunos han quedado sorprendidos al ver que los clientes les llamaban con una inesperada frecuencia, lo cual repercutía en un aumento de ventas. Otros han sido capaces de mantener la serenidad en situaciones que antes les habían arrastrado al pánico. Muchos han transformado por completo la relación tensa o distante con personas de su familia. Ha habido gente que gracias a la puesta en marcha de algunas de estas ideas se ha librado de molestias digestivas crónicas que estaban muy relacionadas con la presión y la sensación de agobio. Y, en fin, mucha gente ha conseguido generar un clima más favorable en los equipos de trabajo, lo cual es esencial si queremos poner en marcha la creatividad y la innovación, y si queremos que los conflictos se resuelvan de una manera más rápida y efectiva.

Efectos tan potentes y tan diversos pueden resultar chocantes, pero todas esas transformaciones sólo reflejan lo que ya he comentado: la extraordinaria interconexión existente entre nuestra fisiología, nuestra mente, nuestras emociones y nuestro espíritu. Mi deseo es que esta lectura le ayude a descubrir en su interior esa potente interconexión, le permita mejorar su autoconocimiento y con ello su vida, y en fin, le dé energía para conseguir las metas que se haya propuesto alcanzar.

¿Tiene algo que ver el liderazgo con la felicidad?

Tengo la sensación de que vivimos en una sociedad que observa las cosas de una manera muy superficial. Nuestra mirada revolotea de aquí para allá y normalmente sólo se para ante lo que nos parece sorprendente. Hoy falta alcance para ver más allá de lo aparente, falta profundidad para reflexionar sobre las realidades más importantes de la vida y, falta amplitud para descubrir la manera en la que todo está interconectado. Esta forma tan peculiar y limitada de mirar, impide que nos demos cuenta de que aquello que muchas veces tomamos como verdades absolutas y completas, son sólo aproximaciones parciales e incompletas de la realidad. Por eso, es importante mantener una actitud de humildad y fascinación ante los grandes misterios de la vida, ya que si tomamos una actitud dogmática y arrogante, la verdad se nos escapará como el agua entre los dedos.

Las distintas mentalidades que como seres humanos hemos tenido en cada momento de nuestro peregrinaje por la Tierra, han conformado las culturas que hemos visto aparecer y desaparecer a lo largo de la historia. La cultura que existe hoy, en el siglo XXI, ha generado un extraordinario desarrollo tecnológico, cumpliendo así el sueño de la modernidad. Desde el desarrollo del método científico por Galileo Galilei en el siglo XVII, el hombre se ha enamorado del conocimiento científico y de su consecuencia, el avance tecnológico. Pensábamos por entonces y todavía pensamos hoy, que la técnica y el dominio de la naturaleza que la técnica nos proporciona, será lo que nos conduzca con paso firme a alcanzar la tan anhelada felicidad. Sin embargo, no parece que este sueño del "eterno progreso", sacudido además por las dos guerras mundiales, nos esté haciendo a todos más felices. Cada vez es mayor la incidencia de cuadros de desánimo, ansiedad y depresión en la población, incluso entre la gente más joven.

Es fácil confundir el bienestar subjetivo con la felicidad y sin embargo, no son para nada lo mismo. El bienestar subjetivo me puede proporcionar euforia y goce, mientras que la felicidad me hace sentir alegría y gozo. Tienen algún parecido, pero no son lo mismo.

Confundir el bienestar subjetivo con la felicidad es algo así como pensar que es lo mismo el tener que el ser. A veces nos enfocamos mucho en hacer y hacer para así poder tener y luego poder ser. Así por ejemplo, puedo pensar que si hago muchas ventas de mi producto para poder tener muchos clientes, acabaré siendo el líder del sector. Esta es la dimensión del homo faber, del hombre que hace. No digo que este planteamiento sea falso, sino que es demasiado estrecho y limitado. Por eso, puede ser este el momento de recordar que hay una dimensión mucho más profunda y creativa que la del hombre que hace y es la del hombre que es quien está llamado a ser . Adentrarse en esta dimensión es para mi, avanzar por el verdadero camino que lleva a la plenitud y a la felicidad. Cuando contemplamos las cosas desde este ángulo, entonces lo importante es primero ser, luego hacer y finalmente tener.

Teniendo en cuenta que estamos hablando de algo así como "la alquimia de lo profundo", necesitamos abrirnos a la comprensión de una dimensión que está más allá de aquella en la que normalmente nos movemos. Entrar en esta dimensión exige emprender un viaje interior y para eso, necesitamos utilizar al máximo una capacidad extraordinaria que todo tenemos y que es nuestra razón. A través del uso correcto de nuestra razón, no ganamos en erudición, sino en sabiduría, en la capacidad de ver las cosas desde la perspectiva adecuada, para poder descubrir lo que cada realidad verdaderamente encierra. No ha de sorprendernos que la palabra inteligencia venga de la expresión latina *intus legere* que quiere decir mirar en el interior, mirar en lo profundo.

Si queremos un mundo más humano, más justo y más inspirador, cada uno de nosotros, ha de hacer un gran trabajo en su propio interior, porque lo que hay dentro de nosotros, también se manifiesta fuera de nosotros. Este trabajo exige valor, compromiso, fe, persistencia, disciplina y paciencia. La piedra ha de calentarse y fundirse en el calor del crisol para que aparezca el oro. Nosotros hemos de curtirnos en la lucha para superarnos a nosotros mismos, día a día, momento a momento, a fin de que aflore nuestro auténtico valor, nuestra verdadera grandeza. Sin embargo, no sería nada raro que nos quejáramos ante esta exigencia de esfuerzo. También Immanuel Kant en su Crítica de la Razón Pura dice que tal vez la paloma, notando el esfuerzo que le supone batir sus alas contra el aire, pueda llegar a pensar que volaría mejor en el vacío. Necesitamos el esfuerzo, el sacrificio para que nuestras alas eleven también nuestro espíritu. Por eso, aquellas culturas en las que se pretende transmitir la idea de que el esfuerzo, el sacrificio y el rigor en el pensar son valores trasnochados, no están fundadas en una visión antropológica, una visión del hombre mínimamente realista.

El que haya paz o violencia en el mundo depende de si en nuestro corazón colectivo, ha hecho su hogar el amor o el odio. Siempre es más fácil destruir que construir. Mete más ruido en el bosque un árbol que se cae que cien que están creciendo. Por eso, poner los cimientos para crear una vida plena exige más esfuerzo que el que se precisa para malograr esa misma vida.

No pensemos que esta reflexión no tiene un profundo impacto en los resultados económicos y en nuestra salud, porque sí que lo tiene. Las emociones aflictivas, que son aquellas que nos originan un sufrimiento innecesario, generan muchos problemas. Una cosa es que por ejemplo yo tenga miedo frente a un puma y otra cosa muy distinta, es que tenga miedo a que no me valoren o no me acojan. Múltiples estudios en el campo de la medicina han demostrado que las emociones aflictivas, cuando lejos de ser emociones puntuales se convierten en estados de ánimo, dañan nuestro corazón, nuestras arterias, nuestra sangre, nuestro sistema osteomuscular, nuestro aparato digestivo, nuestro sistema inmunológico y nuestro cerebro. No hay órgano o sistema del cuerpo que no note los efectos dañinos de la ira, la desesperanza o el miedo cuando se han convertido en nuestra forma de vivir.

Si queremos descubrir nuevos caminos, que favorezcan la salud, que mejoren las relaciones interpersonales, que generen abundancia colectiva y que den a nuestra existencia un verdadero sentido, hemos de conocer aquellos elementos que nos encaminan hacia la auténtica felicidad, el gozo y la alegría.

El padre de la filosofía racionalista Rene Descartes, con su famoso "cogito ergo sum", es decir "pienso luego existo", se cargaba de un plumazo dos niveles de nuestra naturaleza. El nivel de la emocionalidad y el nivel de la espiritualidad, de la trascendencia.

Todos sabemos que el nivel del intelecto es clave, porque nuestra esencia es que somos animales racionales. Sin embargo, a nosotros no sólo nos identifica nuestro intelecto, también somos seres corporales, sociales, emocionales y espirituales. Si una persona no cuida de su parte física, se dará cuenta de cómo antes o después lo va a notar en una reducción de su capacidad para aprender, para gestionar sus emociones, para crear relaciones o para buscar un sentido más profundo a su existencia. Nosotros podemos distinguir los distintos niveles que nos integran, pero no los podemos separar porque forman parte de una única unidad, la que constituimos cada uno de nosotros.

Por eso es por lo que creo que tenemos que cruzar "el umbral", esa puerta que separa lo que creemos que somos de lo que verdaderamente somos. Esa puerta que nos orienta hacia el ser, un ser que nosotros no hemos creado, sino que nos ha sido dado, un ser al que debemos la existencia y que es por su propia naturaleza, unidad, verdad, bondad y belleza. Es curioso que la propia palabra líder, tenga una raíz indoeuropea que lo que expresa es precisamente ese proceso de "cruzar el umbral", de salirnos de nosotros mismos, de nuestros pequeños egos y abrirnos a eso que está más allá de nuestros egos y que nos une a todos: el ser.

El Liderazgo es hoy un tema que sigue estando de moda. Esto no ha de extrañarnos, como no nos extrañaría que estuviera de moda el arte de llevar con acierto un barco a través de un mar bravío. No da la impresión de que haya muchas personas que tengan la visión necesaria y aporten las referencias imprescindibles como para que avancemos con cierta confianza, en un mundo tan marcado por la complejidad y la incertidumbre. Por eso es frecuente que independientemente del hecho de que estemos en una familia, una empresa o una sociedad, se hable de la importancia de crear una cultura basada en el Liderazgo real y auténtico de las personas. Todos sabemos y además ya lo hemos visto, que donde hay un auténtico liderazgo, también aparece una visión clara e ilusionante, un proyecto profundamente inspirador. Los auténticos líderes no se dedican a resolver problemas sino a crear mundos de posibilidad. Eso hace que las personas a las que se les brinda la oportunidad de mirar hacia esos mundos de posibilidad, se sientan entusiasmados participando en esa verdadera gesta por alcanzarlo. Todos sabemos que ante aquellos desafíos que de verdad nos inspiran, empezamos a movilizar una serie de talentos, de energías y de capacidades que con frecuencia ni sabíamos que estaban dentro de nosotros.

Recordemos por ejemplo el caso de uno de los más grandes líderes de la historia, Nelson Mandela y su visión de una "Nación Arco iris" en la que la reconciliación entre las distintas razas convirtiera a Sudáfrica en una nación con verdadera grandeza de espíritu. Fue su visión compartida la que inspiró a unos y a otros a superar sus enormes diferencias, sus odios y sus miedos.

Cuando se ha creado una verdadera cultura basada en el liderazgo, existe un verdadero espíritu de cooperación. Las personas pierden no su individualidad, pero sí su individualismo. Los grandes valores como la generosidad, el respeto, la amistad, emergen en este clima que favorece que salga lo mejor de nosotros mismos. Los valores no son medios para conseguir cosas que nos beneficien, sino que son fines en sí mismos. Si practicamos la generosidad, es importante que no lo hagamos para conseguir algo, sino porque queremos vivir de esa manera. Muchos valores no los practicaremos si esperamos algo a cambio, porque lo que muchas veces obtendremos puede ser decepcionante. Sin embargo, si los practicamos porque consideramos que su práctica nos perfecciona como seres humanos y nos acerca a nuestra plenitud, entonces y sin buscarlo, será precisamente el ejercicio de esos valores, el que elevará la altura de nuestras almas.

No cabe duda de que la senda del auténtico liderazgo, es muy exigente, porque nos pide dar de nosotros lo mejor y poner a dormir esa parte que aunque también es nuestra, sólo manifiesta una voluntad de dominio y de poder. Poner a dormir nuestros resentimientos, nuestras frustraciones y nuestras desavenencias surgidas en el pasado para así crear un nuevo futuro, es algo que pide dedicación y mucho trabajo interior. Sin embargo, el crecimiento y la evolución que experimentamos al caminar por esta senda, hace que el esfuerzo compense ampliamente. La senda del Liderazgo no es simplemente un camino que nos lleva a una cierta meta, sino que es mucho más que eso, es un camino en el que al recorrerlo poco a poco vamos siendo transformados, de tal manera que empezamos a expresar una serie de capacidades, de talentos y de recursos, que previamente vivían dentro de nosotros como simples potencias. Usando una analogía, la encina vivía en potencia dentro de la bellota y en el proceso de transformación esa potencia para ser encina, se ha convertido en el acto de serlo realmente.

En su caminar hacia la plenitud, la persona transmite en lo que dice y en lo que hace, una nueva forma de ser y es esto lo que facilita que emerjan esas potencias que previamente estaban ocultas, estaban veladas.

La senda del Liderazgo, aunque uno la recorre muchas veces con un sentimiento profundo de soledad, en realidad nunca la recorre sólo, porque lo que el Liderazgo llama a emerger sólo surge en el encuentro con otros seres humanos. Sólo cuando una persona tiene realmente en cuenta los sentimientos y las necesidades de otras personas y además, busca ayudarles a crecer y evolucionar podemos hablar de un verdadero líder. El líder ha de cruzar un umbral, el de su propio egoísmo, el de su propio temor a que si ayuda a otros a progresar, su propio poder puede quedar en jaque. No puede crearse un verdadero Liderazgo, si no somos conscientes de que la generosidad es la base de la cooperación y esta es la esencia de la grandeza. Dar a otros, primero "raíces para crecer" y después "alas para volar" es la expresión de un verdadero líder, alguien que ayuda a que el tú y el yo, puedan transformarse en un nosotros, de la misma manera que el oxígeno y el hidrógeno cuando se encuentran, se transforman en algo nuevo que es el agua, fuente de la vida.

Cuando se ha creado una cultura de auténtico liderazgo, todas las personas toman responsabilidad sobre la marcha del proyecto y por eso, ni toman el papel de una víctima instalándose en la queja, ni intentan demostrar que son los mejores. Los egos se dejan a un lado, porque lo único que importa es lo que de verdad es importante y que no es otra cosa que el seguir avanzando juntos por este camino de crecimiento y evolución.

No es fácil que aquellas personas que no han tomado responsabilidad sobre sus decisiones y que siempre han hecho lo que otros les han dicho, cojan las riendas de su vida. Sin embargo, es esencial que lo hagan si queremos que aflore lo mejor que hay en su interior. Desde una posición pasiva y reactiva, la imaginación se pone a dormir, con lo cual no somos capaces de generar nuevas ideas que añadan valor. Es más fácil tomar esta posición de víctima que la de protagonista, aunque no es más inteligente y sobre todo, no está para nada alineada con aquello que nos perfecciona como personas y que no son otra cosa que los valores.

Cada uno puede elegir ser honesto consigo mismo y descubrir cuál es su verdadera actitud respecto al Liderazgo. No puede existir un auténtico Liderazgo, si no hay autenticidad. ¿Realmente nos interesamos por lo que sienten y necesitan los demás? ¿Verdaderamente es su crecimiento y evolución como personas y profesionales una prioridad para nosotros? ¿Nos alegramos de sus triunfos o nos angustian que brillen más que los nuestros? ¿Les damos la posibilidad de que intenten cosas nuevas, cometan errores y puedan aprender de ellos, o usamos sus errores para justificar ante nosotros mismos, que tenemos que seguir siendo nosotros los que tomemos todas las decisiones? Si estas preguntas mueven resortes nada placenteros dentro de nosotros, tengamos el coraje de explorarlos. No se trata de juzgarnos, sino de ser auténticos acerca de nuestras inautenticidades. Sólo así veremos hasta qué punto estamos atrapados en el miedo y en la preocupación. Sólo así descubriremos, con qué frecuencia jugamos a la defensiva.

Para llegar a conectar con nuestra verdadera luz, con la luz de nuestro ser, tenemos que atravesar todas estas capas de ceguera y por ello, porque es todo menos agradable, necesitamos una extraordinaria humildad, un enorme coraje y un compromiso absoluto. ¿De dónde obtener la fuerza para poder avanzar ante tanta oscuridad? Para mí es de la propia visión, de ese horizonte que se despliega cuando un ser humano penetra en su propio interior y poco a poco se va acercando a su corazón. Lo que ocurre es que a las personas nos da más miedo nuestra luz que nuestra oscuridad. Es como si la sensación de oscuridad nos fuera ya más familiar que la de luminosidad.

En una ocasión, un periodista le hizo una pregunta a Hellen Keller que se había quedado ciega, muda y sorda a los dieciséis meses de edad y que a pesar de ello, había sido la primera mujer en la historia que se había graduado con honores por la universidad de Harvard:

—Srta Keller, ¿Hay algo peor en la vida que ser ciego?

Ella, le contestó algo que nos puede dar a nosotros mucho que pensar

—Sí, es peor poder ver y no tener una visión, porque cómo vemos el futuro, determina cómo vivimos el presente.

Sé que el camino del Liderazgo es muy exigente y nos interpela a que no tengamos miedo a reconocer nuestra fragilidad y nuestra vulnerabilidad. Ante esta interpelación, muchas de nuestras fuerzas interiores se rebelan, intentando convencernos de que si mostramos nuestra vulnerabilidad, eso será interpretado por otros como blandura y nos despedazarán. Estas voces creo que aciertan cuando nos alertan de que si expresamos blandura, estamos llamando a la voluntad de posesión y dominio por parte de algunas personas. Sin embargo, considero que el reconocimiento de la propia fragilidad y vulnerabilidad, no sólo no es expresión de blandura, sino que es manifestación de valentía y de firmeza. El teatro que hacemos, puede engañar hasta cierto punto, pero no hay nadie en el mundo que en uno u otro momento no haya entrado en contacto con su propia fragilidad y con su necesidad de ser ayudado por otros.

El camino del Liderazgo auténtico no es sencillo, aunque tal vez sea el único que le puede ayudar a una persona a convertir en acto todo su potencial. En el fondo lo que estamos recorriendo es el camino de la vida cuando esta vida la alumbra un verdadero propósito, un auténtico sentido. Por eso, es también el camino de aquellos valores que constantemente nos perfeccionan y de esas virtudes que nos capacitan para encontrarnos amorosamente con otros seres humanos. El camino del liderazgo personal es el que nos llama a convertirnos en aquello que estamos llamados a ser y que ahora únicamente somos en potencia. Por eso en este caminar, tal vez la felicidad no esté en la meta, sino en el propio camino.

PRIMERA PARTE

EL MUNDO Y NUESTRO LUGAR EN ÉL

«Lo que existe detrás nuestro y lo que existe delante
de nosotros es algo insignificante comparado
con lo que existe dentro de nosotros.»

EMERSON

I

Necesidades, deseos, valores y principios

Las personas tenemos una serie de necesidades que están impresas en nuestra propia naturaleza, y entre ellas yo destacaría la de amar y ser amado, la de sentirse valorado, y la de tener un propósito y un sentido en la vida. Si no cubrimos estas necesidades, es fácil que se apodere de nosotros una profunda sensación de vacío, una sensación que en el fondo es la responsable de gran parte de la ansiedad dominante en nuestra sociedad.

Cuando conoces a las personas en profundidad, a menudo te sorprende lo paradójicas que son las conductas de algunos individuos, como por ejemplo la de mucha gente que desea ser amada pero que hace lo contrario de lo necesario para lograrlo. Pensemos, por ejemplo, en ese jefe despótico que trata muy mal a su gente, o en ese malhumorado Scroodge de *Canción de Navidad*, de Charles Dickens: tras sus conductas de rechazo, ocultan a la perfección una acuciante necesidad de sentirse amados, y por eso en sus vidas no hay alegría ni equilibrio, sino sólo tensión y crispación.

Muchas de estas personas son consideradas malvadas y, aunque la mayoría de sus acciones son lamentables, creo que se trata más bien de personas con profundas carencias emocionales que se han acostumbrado a que los demás les vean con desagrado, lo cual les sirve, inconscientemente, para reforzar la idea que han aprendido a tener de sí mismas.

He conocido seres humanos que han aprendido a controlar sus reacciones con eficacia, y que han elegido responder con tolerancia, calma y respeto incluso a personas cuya agresividad e intolerancia hacía casi irresistible una reacción contundente. Las personas que expresan con dureza su desasosiego interior y que están acostumbradas a generar reacciones intensas suelen quedarse profundamente descolocadas al encontrarse con alguien que no reacciona como cabía esperar, sino que responde en función de su forma de entender la vida. ¡Qué mundo tan extraordinario se abriría para los primeros si no temieran mostrar que también ellos son humanos! ¡Qué mundo tan interesante se abriría para nosotros si entendiéramos que aquel al que aparentemente menos le importa que le queramos está tan necesitado de cariño como el resto de los seres humanos!

¿De dónde vienen nuestros deseos?

A diferencia de las necesidades, los deseos están más relacionados con nuestra cultura que con nuestra naturaleza y por eso la educación juega en ellos un papel tan importante. Nuestros deseos traducen el anhelo que sentimos de experimentar una situación emocional determinada. Cuando compro, por ejemplo, un coche espectacular, lo hago para experimentar las sensaciones, las emociones que considero que me va a procurar. De hecho, cuando las personas compramos cosas lo que hacemos es comprar la sensación que suponemos que vamos a tener cuando poseamos el objeto en cuestión. Es frecuente la compra de elementos que reflejen lujo y poder económico porque así se anticipa el vernos aceptados por un estrato social que para nosotros es relevante.

Tener deseos no creo que sea ni bueno ni malo, pero si esos deseos no están vinculados a ciertas necesidades de nuestra naturaleza y sólo sirven para hacernos olvidar que hay necesidades que no tenemos cubiertas, es muy probable que una vez satisfechos los deseos nos quede una sensación de vacío que de nuevo deberá ser rellenada generando y cubriendo un nuevo deseo.

Aunque creamos que muchos deseos salen de nuestro interior, con frecuencia no son más que reflejos del «espejo social» en el que nos miramos. No obstante, hay deseos que son efectivamente el reflejo de necesidades hondas que todos tenemos, como, por ejemplo, el deseo de aprender, que nace de la necesidad misma de desarrollarnos y progresar como personas. Conocer los deseos más intensos de otras personas nos sirve para entender aquellas necesidades que a lo mejor están en ellos menos cubiertas.

La importancia de la coherencia entre conducta y valores

Una de las causas principales del desánimo en la empresa es la incoherencia entre los valores que se predican y lo que en realidad reflejan las conductas. Recuerdo un curso que di en un hotel en el que junto al mostrador de recepción había un pequeño cartel que reflejaba la misión de esa empresa, los valores con los que se comprometía a atender a su clientela, y uno de tales valores era el de superar las expectativas de los clientes. Una noche, después de cenar, estando aún en el comedor, una de las participantes del curso pidió que por favor le trajeran una botella de agua. La persona encargada del comedor puso muy mala cara, lo cual chocaba claramente con la misión anunciada.

Cuando se dice que un valor nos guía, resulta demoledor que nuestra conducta exprese lo contrario. Cuando los valores que decimos tener no están reflejados en nuestra conducta, los demás no nos ven como personas de fiar, aunque nuestra intención pueda ser excelente. Esta inconsistencia es muy frecuente porque los valores que decimos tener son, muchas veces, los que creemos que tenemos o los que nos gustaría tener, mientras que los valores que se expresan en nuestra conducta reflejan nuestra mentalidad inconsciente, los hábitos de pensamiento que hemos incorporado.

Si yo doy un discurso a un grupo de empleados de mi empresa y les hablo de la importancia de ser creativo, de salirse de las normas establecidas, de arriesgarse y de buscar nuevas alternativas, y en cuanto alguien prueba algo nuevo y comete un error le amonesto duramente, será mi conducta y no mis palabras la que refleje cómo pienso en realidad.

Es importante estar muy atento y muy abierto para descubrir esta inconsistencia en uno mismo. Los líderes tienen una gran autoridad entre su gente porque todos confían en ellos: saben que sus palabras se reflejan en su conducta.

¿Qué son los principios?

Visto los valores, hablemos ahora de los principios. Lo primero que llama la atención es que mientras los valores son de origen cultural, los principios son de origen natural, es decir, existen en la naturaleza con independencia de la cultura. De hecho, los principios reflejan la naturaleza del Universo; uno de ellos, por ejemplo, nos dice que el Universo es un lugar de posibilidades ilimitadas y no un lugar lleno de escasez. Si mi cultura genera el valor de compartir porque la naturaleza del Universo me dice que hay para todos y mucho, entonces el valor de mi cultura está en línea con el principio de la naturaleza. Si por el contrario, el valor de mi cultura es que si yo quiero algo, el vecino no lo puede tener, entonces se generará un mundo de escasez, no porque el Universo sea escaso, sino porque el Universo me dará más o menos, en función de mi mentalidad.

Pensar que el Universo es un lugar abundante y no un lugar escaso hace que sea mucho más fácil y valioso cooperar que competir, y ayudarse que atacarse, porque, al fin y al cabo, son nuestros pensamientos los que en gran medida han creado y crean continuamente nuestro mundo.

Un caso ejemplar: el padre de la calidad total

Una de las personas que más contribuyó al conocimiento de las bases de la motivación humana fue el doctor William Edwards Deming, nacido en 1900 en Sioux City, Iowa.

El general Douglas MacArthur fue el comandante supremo de las fuerzas aliadas en Japón desde 1945 hasta 1951, y en su empeño estaba ayudar al pueblo japonés a que su creatividad innata floreciera. Durante los años cincuenta y comienzos de los sesenta, cualquier producto que llevara las palabras *made in Japan* era considerado un producto de calidad muy baja. Edwards Deming era por entonces profesor de estadística de la Universidad de New York e hizo su primer viaje al Japón en 1950. Dio un total de ocho charlas a los principales empresarios y expertos en tecnología del Japón y les habló, entre otras cosas, de la importancia de reconocer los defectos en los productos que fabricaban, de investigar la razón por la que ocurrían esos defectos, de realizar cambios y de evaluar el impacto de estos cambios en la calidad de los nuevos productos.

Para Deming, la innovación era una consecuencia de la libertad, y para que un trabajador se sintiera libre tenía que sentirse responsable ante sí mismo de la calidad de su producción. Deming consideraba que este sentimiento de responsabilidad era esencial para que se expresara la capacidad creativa inherente a las personas. Enemigo de la competencia entre departamentos para conseguir más recursos, Deming hacía hincapié en la importancia de crear un ambiente de confianza en el que se eliminara definitivamente el miedo. Deming insistía también en la importancia de que cada trabajador se sintiera ilusionado con detectar y aportar oportunidades de mejora tanto en los productos como en los procesos.

Cuando los estadounidenses (que no se tomaban en serio las posibilidades industriales y tecnológicas del Japón) empezaron a sufrir en sus propias carnes esa manera de pensar, el propio Deming, hasta entonces bastante desatendido en su propio país, se convirtió en el paladín de la máxima calidad, de la calidad total. Deming fue capaz de ayudar a que los japoneses encontraran de nuevo la ilusión que «abrió sus cerebros».

Hoy sabemos que el entusiasmo, la confianza en uno mismo y la ilusión tienen la capacidad de favorecer las funciones superiores del cerebro. La zona prefrontal del cerebro, el lugar donde tiene lugar el pensamiento más avanzado, donde se inventa nuestro futuro, donde valoramos alternativas y estrategias para solucionar los problemas y tomar nuestras decisiones, está tremendamente influido por el sistema límbico, que es nuestro cerebro emocional. Por eso «lo que el corazón quiere sentir, la mente se lo acaba mostrando».

Una persona ilusionada, una persona que quiere romper sus límites aparentes y se encuentra motivada para conseguir algo importante en su vida tiene una mente que funciona a un nivel bien diferente de aquella otra persona cuya máxima ilusion es que ese día pase para volver a casa, ver un poco la televisión e irse a dormir. Es responsabilidad de la empresa y de cada persona que trabaja en ella colaborar para generar este ambiente de ilusion y de confianza que permita que nuestros cerebros funcionen a un nivel absolutamente sorprendente. Yo he visto personalmente hasta qué punto la simple generación de ilusión, alegría y tranquilidad lleva a las personas a encontrar nuevas soluciones a problemas frente a los que se encontraban completamente atascados.

Para Ralph Waldo Emerson la mayor desgracia de un ser humano estribaba en no encontrar en su vida a nadie que le ayudara a descubrir lo que realmente podía llegar a hacer. Esta cualidad de Deming y de otros líderes para inspirar y movilizar en los demás potencias ocultas es consecuencia de un conocimiento profundo de la magia que todo ser humano encierra y de una voluntad férrea dispuesta a no abandonar hasta que esa magia salga a la luz.

Deming murió hace unos años, pero sus palabras nos recuerdan bien el poder transformador de una mentalidad y la manera en la que un líder sabe poner en marcha talentos, talantes y posibilidades que al no ser obvios parecen inexistentes (y por lo tanto imposibles) para la mayoría de las personas:

Todos nacemos con una motivación intrínseca, con una dignidad y una necesidad de aprender. Nuestro sistema de management actual lo destruye todo al reemplazarlas por una motivación extrínseca y por el enjuiciamiento continuo de las personas.

Las personas serán más creativas cuando se sientan motivadas principalmente por el interés, la satisfacción y el desafío del propio trabajo y no por las presiones externas.

W. EDWARDS DEMING

Representar las necesidades para poder entender las motivaciones

Abraham Harold Maslow nació en 1908, en Brooklyn, Nueva York. Miembro de una familia numerosa, estudió Derecho y Psicología, y se graduó en la Universidad de Wisconsin en 1934. Durante parte de su vida trabajó con monos y se fue dando cuenta de que no todas sus necesidades tenían el mismo rango. Aquel tema le fascinó y dedicó la mayor parte de su vida a detectar las necesidades más importantes en los seres humanos, aquellas necesidades que estaban impresas en su propia naturaleza y que les ayudaban a sobrevivir.

La jerarquía de las necesidades que Maslow describió puede tener sus detractores, pero es de gran utilidad para entender muchos de los comportamientos que pueden apreciarse en la empresa y en la sociedad actual. El propio Maslow, estudiando los trabajos de Alfred Adler, pudo comprobar hasta qué punto las neurosis que describía con tanta precisión Adler, el creador de la segunda escuela vienesa de psiquiatría, eran consecuencia de necesidades que no habían sido adecuadamente atendidas. Yo, como especialista en patología quirúrgica del aparato digestivo, he comprobado a lo largo de los años la ascensión imparable de trastornos digestivos en personas que suelen tener reacciones exageradas ante hechos insignificantes. Pensemos, por ejemplo, en las fuertes disputas que se producen ante mínimos incidentes de conducción; tales reacciones traducen un estado permanente de tensión, un estado en el que el sistema nervioso simpático (nuestro sistema de alerta y que opera por debajo de la conciencia) está permanentemente activado.

De la misma manera que la necesidad de respirar es más acuciante que la de beber agua, y que ésta lo es más que la necesidad de comer, también hay una serie de necesidades que si no están adecuadamente cubiertas generan en nosotros una serie de trastornos mentales, emocionales y corporales que afectan profundamente a nuestra posibilidad de supervivencia. Maslow creó una pirámide para describir de una manera muy gráfica la jerarquía entre los distintos tipos de necesidades.

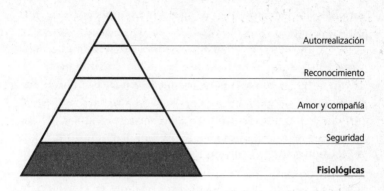

En la base de la pirámide se encuentran las necesidades fisiológicas, entre las que están las que atienden de manera más clara a la supervivencia de nuestro cuerpo, como la de saciar nuestra hambre y nuestra sed. Por eso Gandhi decía «a un pobre no le hables nada más que de pan». La falta de cobertura de estas necesidades lleva, con el tiempo, a la extinción de la propia vida.

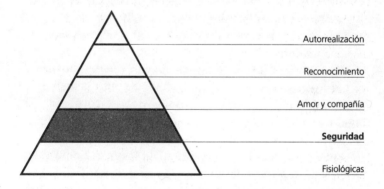

En el siguiente nivel encontramos la necesidad de seguridad. En este nivel hemos de considerar la necesidad de vivir en entornos seguros para nosotros y nuestros seres queridos, la necesidad de sentirnos seguros en nuestro trabajo y de tener un plan de jubilación que sea suficiente para llevar una vida digna. Cuando esto no ocurre, aparecen emociones tales como la ansiedad, la angustia y el miedo. En un mundo tan cambiante como el actual, donde además casi nadie se encuentra seguro en su trabajo, es fácil entender por qué el distrés que se ve en la sociedad y que se asocia a la neurosis es tan frecuente. Tal vez haya personas que crean que el hecho de tener miedo a perder el trabajo y estar en una situación de tensión año tras año no tiene ninguna implicación en la supervivencia biológica, pero no es eso lo que demuestran las investigaciones científicas más avanzadas en el campo de la psiconeuroinmunobiología. Hoy se sabe que en situaciones de ansiedad permanente en las que se tiene la sensación de no poder controlar nada de lo que sucede, las glándulas suprarrenales segregan, tanto en humanos como en animales, unas hormonas que se llaman *corticoides*. Estas hormonas son muy útiles para ayudarnos a superar peligros (como, por ejemplo, ser atacados por un perro) porque afectan a nuestro sistema circulatorio y favorecen que el corazón trabaje con más potencia y que la sangre circule en mayor cantidad por nuestros músculos. Ello nos permite ser más poderosos a la hora de contraatacar o de escapar.

Sin embargo, la secreción mantenida de corticoides que se está observando hoy en día, tiene unos efectos sumamente preocupantes. Al estar una persona continuamente en una situación de ansiedad, la segregación de corticoides se mantiene, lo cual tiene consecuencias diversas: por una parte, los corticoides influyen sobre nuestro sistema inmunitario (que es el que nos protege frente a las infecciones y los tumores) e impiden que actúe con su eficacia natural. El mecanismo que se pone en marcha es hoy bien conocido. Entre los glóbulos blancos del grupo de los linfocitos hay un tipo especialmente valioso, el linfocito NK o asesino natural, cuya misión es, entre otras, destruir las células tumorales que el organismo genera como consecuencia de la propia reproducción celular y de los ataques de los radicales libres que roban a las moléculas un electrón y las desestabilizan. El problema de los corticoides consiste en que se acoplan al receptor que los linfocitos NK tienen en su membrana y les impiden actuar. Por eso, cubrir la necesidad de un mínimo de seguridad sí que puede mejorar nuestras posibilidades de supervivencia no metafórica sino literalmente.

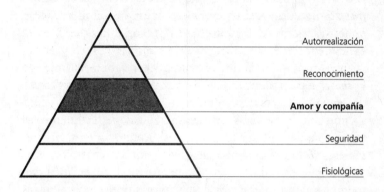

Por encima de la necesidad de seguridad se encuentra el nivel correspondiente al amor y al sentido de pertenencia. Disfrutar de la existencia de relaciones en las que la afinidad y el amor están presentes es crucial para el ser humano. La conexión se consigue a través de la comunicación interpersonal, algo cada vez más escaso. Un amigo lamentaba hace poco que con los e-mail la gente está evitando cada vez más el cara a cara, y que la conversación entre dos seres humanos se ha vuelto algo más fría y distante. El e-mail ya no está al servicio de la comunicación, sino que la comunicación se ha convertido, gracias al abuso del e-mail, en un simple tránsito de información. Cuando las personas vemos que el simple intercambio de información no nos conecta o cuando observamos que nuestra comunicación genera malentendidos, rechazos y separación, sentimos ira y frustración.

A una serie de voluntarios se les realizó una tomografía de emisión de positrones (unos sofisticados cascos que permiten fotografiar el cerebro en un sujeto despierto mientras piensa) y se les pidió que pensaran en cosas que les frustraran. Los investigadores comprobaron con gran sorpresa que las áreas del cerebro desde donde se generaban las mejores alternativas de solución trabajaban menos y que eran otras zonas del cerebro más profundo las que se activaban intensamente. Una de esas áreas era el hipotálamo, hecho curioso si tenemos en cuenta que el hipotálamo tiene una antigüedad evolutiva de 350 millones de años (ya existía en los tiburones primitivos).

El hipotálamo es una estructura que gobierna nuestro sistema nervioso de alerta y de recuperación y que es capaz de poner al organismo en una situación de alerta tan intensa que sólo caben tres respuestas: el ataque, la huida o el bloqueo. ¿Verdad que estas tres respuestas son bastante frecuentes cuando la comunicación con alguien es todo menos agradable? Si nuestra frustración nos coloca en un nivel mental mucho más primitivo, ¿cómo vamos a ser capaces de resolver los problemas con eficacia?

Creo que el hombre primitivo envidiaría nuestro progreso pero no entendería muy bien cómo usamos sus hormonas. Cuando en nuestra comunicación no experimentamos afinidad ni amor, sentimos una gran soledad y sabemos bien que esa soledad no hace mucho ni por la calidad ni por la cantidad de nuestra vida.

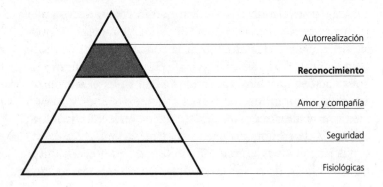

Autorrealización

Reconocimiento

Amor y compañía

Seguridad

Fisiológicas

Ascendiendo un poco más en la pirámide de las necesidades nos encontramos con la necesidad de sentirnos valorados, de sentirnos respetados y de que nos presten atención. ¿Cuántas veces, mientras alguien nos explica algo y nosotros fingimos prestarle atención, nuestra mente se distrae y empieza a volar? Tal vez le estamos dando vueltas a algo que nos preocupa, tal vez nos impacienta la falta de tiempo libre o simplemente no nos interesa lo que la otra persona nos está diciendo. Es posible que oigamos, pero lo más frecuente es que no escuchemos. Para *oír* es necesario tener un aparato auditivo capaz de recoger los sonidos, pero *escuchar* implica concentrar nuestra atención en lo importante.

Una persona que no se siente escuchada, no se siente respetada. Y cuando no nos sentimos valorados ni respetados, la confianza en nosotros mismos y en los demás queda profundamente afectada y la baja autoestima y los complejos de inferioridad hacen presa en nosotros. En un mundo en perpetuo cambio es necesario tener confianza en nuestros propios recursos, saber que podemos hacer frente a cualquier situación inesperada que se nos presente. De esta manera viviremos esas situaciones no como amenazas sino como oportunidades para desarrollarnos y crecer. La baja autoestima hace que las personas tiendan a sentirse permanentemente amenazadas, y ello, como ya hemos visto, influye de forma perjudicial en el volumen de corticoides en sangre.

El distrés crónico, es decir, esa sensación de agobio permanente, es una de las causas más importantes de la depresión. En un reciente trabajo de investigación del Instituto Salk de La Joya, en San Diego, se demuestra que en las personas deprimidas tras un largo periodo de distrés crónico, los hipocampos (los centros cerebrales que nos permiten aprender y almacenar recuerdos) se ven reducidos hasta en un 20 % de su tamaño, y en ese proceso de reducción intervienen, de nuevo, los corticoides y un neurotransmisor que es el glutamato. De hecho, cuando el nivel de corticoides se mantiene elevado durante un largo periodo, las neuronas de la capa CA3 del hipocampo (que se llama así por su forma de caballito de mar) son destruidas. Este tipo de neuronas es esencial para aprender cosas nuevas y recordar experiencias pasadas.

La única buena noticia al respecto es que el propio Instituto Salk ha demostrado que las neuronas de la capa CA3 del hipocampo son, junto con las neuronas de los bulbos olfativos, las únicas que se reproducen. No cabe duda de que mantener en buen estado los centros del cerebro que nos permiten aprender cosas nuevas y generar recuerdos y experiencias juega un papel muy importante en nuestras posibilidades de supervivencia.

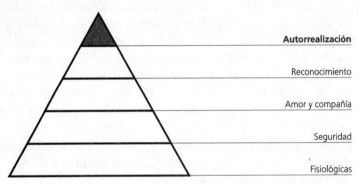

Por último, en la punta de la pirámide nos encontramos con la necesidad de autorrealización. Aquí se describe la necesidad que todo ser humano tiene de experimentar que crece y se desarrolla, que expresa al máximo su potencial. Es el nivel de la autenticidad, de la aceptación y de la creatividad. Es el nivel donde encontramos un sentido trascendente en nuestra vida, un propósito, algo que nos mueve. Este nivel haría referencia a la visión y a la misión que hay en nuestra vida, es decir al *qué* y al *por qué* trascendente de lo que hacemos.

La doctora Rodin, de la Universidad de Yale, ha demostrado que la sensación de sentido y de dominio sobre nuestras vidas tiene consecuencias positivas en los mecanismos de supervivencia del ser humano. Rodin y su colega Helen Langer estudiaron un asilo de ancianos y demostraron que los sujetos que tenían una mayor responsabilidad y capacidad de decisión sobre su vida, sufrían a lo largo de los años menos enfermedades y fallecían más tarde que aquellos que no tenían la sensación de poder ejercer ninguna forma de control sobre el ambiente en el que se encontraban. Por supuesto, todos los ancianos estudiados partían de condiciones de salud similares. En este caso, el mecanismo de acción está basado de nuevo en las conexiones directas entre el cerebro y los órganos en los que se producen los linfocitos, y en la actuación de hormonas que interfieren con la actividad de los linfocitos del sistema inmunitario.

Maslow y la empresa

Detengámonos ahora a valorar el impacto que puede tener sobre una empresa el conocimiento de las necesidades humanas descritas en la pirámide de Maslow.

Una empresa que atraviesa un momento difícil y transmite en sus mensajes y en su conducta la idea de que con el esfuerzo colectivo se logrará salir adelante, está mandando a todos sus trabajadores un mensaje de seguridad y de tranquilidad. Si se fomenta un clima en el que las personas puedan comunicarse con respeto y autenticidad (y no un clima basado en prejuicios y etiquetados), y se genera un sentido de comunidad, una complicidad sustentada sobre un tipo de comunicación que conlleve conexión y relaciones de afinidad; si además, las personas se sienten atendidas y apoyadas ante la dificultad y los errores, en lugar de verse juzgadas y atacadas como personas, esa relación de afinidad y fidelidad aumentará de manera sostenida. Para ganarse el derecho a corregir hay, sistemáticamente, que reconocer.

Si por otra parte, a esas personas se les da cancha y responsabilidad para que aporten iniciativas, entonces su situación emocional, mental y fisiológica permitirá que sus potencias trabajen a un nivel desconocido, dado que se pondrá en marcha la pasión, el entusiasmo por crecer y desarrollarse. Esto llevará a una explosión de la creatividad, la cual sólo florece cuando el ser humano se siente libre y puede enfocar su atención en el destino hacia el que avanza ilusionado, en lugar de tener su atención dividida al sentir que sus necesidades más básicas no son ni siquiera mínimamente cubiertas.

La empresa de hoy, si quiere aumentar de manera sustancial sus resultados y hacer frente al cambio, no adaptándose a él sino generándolo, tiene que empezar en muchos casos a mimar un poco más a las personas. La tecnología se ha demostrado como algo necesario pero no suficiente para generar transformaciones en las empresas. Hoy necesitamos que las personas que trabajan en la empresa se sientan valoradas y atendidas como personas. El ser humano ha de dejar de ser un medio para conseguir resultados, y empezar a ser un fin en sí mismo; entonces los resultados se producirán de manera natural y en gran abundancia.

A la vista de todo lo dicho, podríamos redibujar la pirámide de Maslow teniendo en cuenta lo que las personas anhelamos encontrar en nuestro entorno laboral. La pirámide quedaría más o menos así:

Ayúdame a ver el sentido de lo que hacemos

. Reconoce y utiliza mi talento

Demuestra que te importo: cuenta conmigo

Trátame bien

Compénsame bien por mi labor

¿Comprendemos realmente las motivaciones de los demás?

Ahora que sabemos cómo interpretar las necesidades, veamos qué debemos hacer para comprender las conductas ajenas. Entendida la pirámide de las necesidades de Maslow, debemos cuestionarnos cómo lo hemos hecho nosotros: ¿estamos o no ayudando a que nuestros colaboradores puedan cubrir sus necesidades? Esta pregunta resulta relevante, como igualmente lo es el hecho de que la empresa en su conjunto se plantee la cuestión, ya que no se puede exigir fidelidad a la empresa, si la empresa no demuestra un interés claro por entender y cubrir las motivaciones de aquellas personas que trabajan en ella, es decir, si la empresa no deja de desmotivar activamente a sus trabajadores.

A continuación le propongo una serie de puntos cuyo análisis nos ayudará a entender cómo facilitar que aquellos que trabajan con nosotros sientan una mayor motivación para expresar lo mejor que hay en su interior.

1. Lo que más satisfacción da a las personas es hacer un trabajo creativo.
2. La autoestima crece cuando se consiguen objetivos que no parecían ni alcanzables ni incluso posibles.
3. Las personas necesitan estar informadas y participar de manera activa en las decisiones que les afectan.
4. Las personas necesitan estímulos y apoyo para crecer, progresar y desarrollar nuevas habilidades.
5. Las personas necesitan sentirse respetadas y saber que los demás se interesan por sus necesidades, ya que es una forma de sentirse querido y valorado.

Veamos punto por punto con detalle.

1. ¿Por qué hacer un trabajo creativo es lo que más satisfacción da a las personas? Porque todos nacemos con capacidades creativas, pero nuestro sistema educativo no favorece que dichas capacidades se pongan en marcha. Por eso es importante que estimulemos la producción de iniciativas y que vayamos perdiendo poco a poco el miedo a la equivocación. Cuando se estudia la vida de muchos de los grandes inventores, se ve la gran cantidad de intentos que tuvieron que hacer hasta que alcanzaron sus grandes logros. Para ellos cada cosa que salía mal no era un fracaso, sino la exigencia de volver a intentarlo pero de una forma diferente. Los inventores son como hormigas: si les pones un obstáculo jamás se quedan parados, sino al contrario, intentan superarlo por la derecha, por la izquierda, por arriba o por abajo, y no paran hasta que lo consiguen.

Cuando uno ve que con su imaginación y sus iniciativas ha podido mejorar un proceso, un producto o una relación con otra persona, tiene una sensación interna y profunda de alegría.

2. ¿Por qué crece la autoestima cuando se consiguen objetivos que parecían inalcanzables? Todos podemos alcanzar cosas mucho mayores de lo que pensamos y aprender a romper nuestros aparentes límites nos llena de autoconfianza y de sentido de valor. Para ello, hemos de salir de nuestra zona de confort y aceptar riesgos. La vida es una escuela para aprender y aunque con frecuencia nos demos golpes, lo importante es tener presente que cuando uno sale de su zona de confort está creciendo, ya que dentro de la zona de confort no hay crecimiento sino sólo una alucinación de seguridad. Tenemos permiso para equivocarnos porque la perfección es imposible de alcanzar y además nos llena de ansiedad anticipativa por miedo a equivocarnos; por eso cuando las cosas no salen como esperamos se apodera de nosotros una sensación de culpa que nos anula y dificulta que la próxima vez nos decidamos a correr riesgos. Todos somos extraordinarios y podemos equivocarnos porque también podemos corregir y aprender.

3. **¿Por qué a las personas les importa estar informadas y participar en las decisiones que les afectan?** Porque si la información fluye de manera continua, es mucho más difícil que los rumores (esa forma pobre y caótica de comunicación) se pongan en marcha y que se generen supuestos que muchas veces nos llenan de dudas y de preocupaciones.

4. **¿Por qué las personas necesitan estímulos para crecer, progresar y desarrollar nuevas habilidades?** Porque aunque la zona de confort ejerce una indudable atracción para los seres humanos, la vida nos exige evolucionar para sobrevivir. Sabemos que sólo aquellas especies que han conseguido evolucionar hacia formas más eficientes han sobrevivido. La necesidad de evolución permanente del ser humano no es tanto física como mental. Necesitamos la experiencia de hacer frente a desafíos y superarlos. Cualquier desafío es una llamada a salir de nuestra zona de confort, superar nuestros miedos y crecer. Detrás de nuestro miedo está la alegría y el crecimiento de la propia superación, de la conciencia de que se han traspasado los propios límites.

Es esencial que comprendamos que cuando cualquier persona sale de su zona de confort tiene una sensación de vértigo que puede interpretar de dos maneras: o bien cree que se encuentra frente a una amenaza o bien que está ante una oportunidad para crecer y traspasar sus límites aparentes. En esos momentos de incertidumbre, la interpretación, el sentido que demos a la nueva situación, va a depender en gran medida del apoyo que sintamos que los demás nos están brindando. En culturas empresariales muy duras donde se castiga de manera demoledora los fallos, ese apoyo nunca puede percibirse y la persona que tiene que asumir un riesgo lo hará atemorizada cuando podía hacerlo ilusionada, motivada y confiada.

Parece bastante obvio que las posibilidades de éxito no son las mismas si se afronta el desafío atemorizado o confiado, ya que en el primer caso se juega para no perder, mientras que en el segundo se juega para ganar. En el caso de un atleta olímpico que hace un descenso de esquí a más de 140 km por hora, podemos imaginarnos fácilmente la diferencia que hay en que esquíe para ganar o que esquíe para no caerse. En el primer caso el foco de su atención apuntará a la meta, mientras que en el segundo lo hará hacia los obstáculos, y dado que aquello en lo que enfocamos la atención se hace más real para nosotros, los obstáculos se harán más grandes y la posibilidad de caerse será mucho mayor. Si es tan claro en el mundo del deporte, ¿por qué no lo vemos así de claro en el mundo de la empresa? Yo tengo un amigo que es un gran financiero y que se equivocó al hacer una recomendación de inversión en el banco en el que trabajaba. Aquella inversión no salió bien y el banco perdió mucho dinero. Un día, mi amigo fue llamado al despacho del presidente del banco para tratar sobre ciertos asuntos. La reunión finalizó sin que se le echara en cara el error cometido ni la posibilidad de plantearle un despido. Tan sorprendido estaba el hombre que antes de abandonar el despacho, se volvió y le dijo al presidente:

—Presidente, creía que me había llamado para echarme en cara el error que he cometido o incluso para despedirme.

El presidente le respondió:

—Considera que has hecho un máster que nos ha salido un poco caro.

La fidelidad y el compromiso por la empresa que despertaron aquellas palabras en el corazón de mi amigo hicieron que se siguiera esforzando al máximo y que las nuevas inversiones que recomendó al banco permitieran que la empresa ganara mucho más dinero del que había perdido la primera vez. Y yo me pregunto, ¿cuántos jefes hubieran actuado como ese presidente?, ¿cuántas personas habrían seguido confiando en mi amigo a pesar del error inicial?

Una cultura que genere miedo al riesgo entre su gente nunca puede motivarles para que saquen lo mejor que hay en su interior, porque la ansiedad ante el posible fracaso paralizara aquellos recursos personales que de otra manera se hubieran puesto en marcha.

Nuestro pensamiento creativo es activado cuando aceptamos desafíos y buscamos nuevas alternativas para hacer frente a los problemas. Es entonces cuando sentimos ese orgullo especial que sólo se siente al lograr algo que a veces no parecía posible. Todo desafío es un estímulo para crecer siempre que el vértigo provocado por el riesgo que debe asumirse no sea demasiado grande. Ese vértigo se reduce cuando tenemos más información y cuando sabemos que podemos contar con la ayuda y el apoyo de los demás y no sólo con su severo juicio.

5. ¿Por qué las personas necesitan sentirse respetadas y saber que los demás se interesan por sus necesidades? Porque uno se siente respetado cuando se le escucha con la atención interesada de un niño y no con la atención paciente y educada de un adulto. Los seres humanos tendemos a centrarnos en nosotros mismos y a considerar que nuestro punto de vista sobre las distintas cosas no es un punto de vista sino la verdad. Esta manera de pensar hace que nuestra comunicación no consciente transmita esta idea de posesión de la verdad y de absoluto (aunque educado) desinterés sobre lo que los demás opinan, ya que si yo poseo la verdad, no puedo tener mucho interés en escuchar algo diferente, ya que en mi percepción lo diferente, por fuerza, ha de ser falso. Cuando alguien siente (aunque no pueda racionalizarlo) que su punto de vista realmente no interesa nada, entonces no se siente respetado y por consiguiente no puede llegar a confiar. Nadie confía plenamente en alguien que no le transmite respeto.

Cuestionario 1

A continuación voy a plantearle una serie de preguntas para que reflexione sobre si tiene o no presente la pirámide de las necesidades cuando se encuentra en su empresa o incluso en su casa. Tenga en cuenta que las preguntas ahondan en una serie de habilidades que normalmente nadie nos enseña; son preguntas pensadas para invitarnos a prestar atención a aspectos relevantes de nuestra vida que normalmente nos pasan desapercibidos.

La pregunta es el instrumento fundamental de una metodología que se llama *coaching*, en la cual un entrenador, el *coach*, a base de preguntas, hace que la persona a la que entrena se vaya fijando en aspectos concretos de su realidad y vaya descubriendo detalles que le permitan tomar nuevas decisiones y mejorar sus resultados. Las preguntas valiosas son aquellas que no obtienen un *sí* o un *no* automático, sino que invitan a la reflexión.

1. ¿Cómo se siente, cuáles son las emociones que se producen en usted cuando la comunicación con otra persona no es la adecuada?
2. ¿Qué es lo que piensa cuando la comunicación con la otra persona no es la adecuada?
3. ¿Cree que sus compañeros pueden expresarle sus sentimientos y su forma de ver las cosas sin miedo a que se moleste y se enfade? ¿Cómo lo sabe?
4. ¿Cree que las personas que hay a su alrededor se sienten cuidadas por usted?
5. ¿De qué manera hace saber y sentir a la gente que está a su alrededor que su colaboración es valiosa? ¿Supone, tal vez, que ya lo saben?

Cuando responda a estas preguntas no lo haga juzgándose a sí mismo, porque el juicio no tiene aquí lugar. Usted es un valiente explorador que intenta comprender ciertos aspectos de la realidad, aspectos que muchas veces no son nada obvios. Le recomiendo que se siente frente a una hoja de papel, se ponga música que le guste, coja lápices o rotuladores de colores y se ponga a escribir todo lo que se le ocurra a partir de la primera pregunta. Alex Osborn le llamó a esto *brain storming* o tormenta de ideas, y en 1956 publicó un libro en dos volúmenes titulado *Imaginación aplicada* en el cual señalaba que para tener buenas ideas hay que producir muchas y aprender a callar esa voz interior que continuamente enjuicia el valor de nuestras ideas.

Necesitará unos 10-15 minutos para responder a cada pregunta. Recuerde que este es un libro dedicado a enseñarnos cómo aumentar nuestro círculo de influencia y para ello, antes de saber hacia dónde vamos, tenemos que tener muy claro desde dónde partimos. Esta labor de tomar conciencia exige disciplina porque no es cómoda, pero permite descubrir cosas muy valiosas. Necesitamos no saber cosas, sino comprenderlas, y para ello precisamos practicarlas y llevarlas a nuestra realidad personal, a fin de que el conocimiento quede incorporado en nosotros de una manera permanente. Por eso es importante hacer los ejercicios no como una tarea que alguien me sugiere que haga, sino como una oportunidad para comprenderme mejor y favorecer así la expresión de todos los recursos que hay en mi interior.

II

El mundo percibido
y el mundo real

Uno de los conceptos que a todos nos cuesta más comprender es que nuestro cerebro no quiere darnos una información de lo que existe en el mundo, sino que el cerebro es como unas manos que se extienden hacia fuera, cogen una información del mundo y nos la traen para que nosotros le demos un sentido. La importancia de esta vocación de nuestro cerebro de dar un significado a lo que ocurre es clave para entender ciertos aspectos esenciales de la realidad del hombre.

En el libro VII de *La República*, Platón cuenta el caso de unos hombres que habían sido encadenados en el interior de una cueva. Había un fuego en el exterior de la caverna y las personas que pasaban entre el fuego y la cueva proyectaban su sombra sobre una pared del interior de la misma. Los que se encontraban dentro sólo veían las sombras y con el tiempo, llegaron a creer que aquellas sombras eran la realidad.

Cuando se han hecho tomografías de emisión de positrones y resonancias funcionales magnéticas en personas que contemplaban, por ejemplo, caras, se ha podido comprobar que una parte de la información es procesada por áreas del lóbulo occipital del cerebro especializadas en la visión, y otra parte por los núcleos amigdalinos situados en el área anterior de los lóbulos temporales. En las amígdalas, llamadas así por su forma de almendra, se encuentra el centro de reconocimiento de rasgos de agresión o miedo en las caras de otra persona. De alguna manera, el cerebro estaba dando un significado a esas caras del tipo «esa persona está enfadada» o «esa persona tiene miedo».

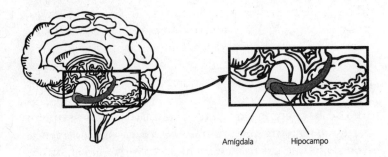

Amígdala   Hipocampo

En este sentido es muy interesante resaltar que las amígdalas de la mujer son más grandes que las del hombre, y que la comisura blanca anterior, el haz de fibras nerviosas que conecta ambas amígdalas, es un 18 % mayor en la mujer que en el hombre. Este dato es sorprendente, ya que el cerebro de la mujer, dado que su cuerpo es de menor tamaño, es en proporción menor al del hombre. Sin embargo, gracias a esas amígdalas de mayor tamaño, las mujeres pueden captar pequeños matices en las caras de otras personas (matices sutiles que señalan enfado o miedo) mucho antes que los hombres. En una reunión entre hombres y mujeres, las mujeres saben que alguien del grupo se está enfadando o está sufriendo mucho antes de que los hombres se percaten.

Cuando nuestro cerebro da un significado a algo, un sentido, nosotros lo vivimos, lo experimentamos, como la absoluta realidad. Estamos seguros de que eso es así sencillamente porque lo vemos, sin ser conscientes de que lo que estamos viendo no es la realidad sino nuestra interpretación de la realidad, algo que, como todos sabemos, dejará de coincidir con la realidad en cuanto obtengamos nueva información.

El proceso de la interpretación corre a cargo del hemisferio izquierdo del cerebro, donde están los centros del lenguaje incluso en la mayor parte de los zurdos. Es en esta parte del cerebro donde se generan los conceptos, donde se generan las reglas del lenguaje que a su vez generan los filtros que después determinan nuestra percepción. Cuando, por ejemplo, ante un inadvertido empujón nuestra voz interna genera el mensaje «te han empujado porque no te respetan», las hormonas, los músculos y los vasos sanguíneos escuchan el mensaje como si fuera real y la sustancia gris periacueductal en el mesencéfalo y la región medial del hipotálamo en el sistema límbico se activan para repeler la agresión. Curioso mecanismo primitivo de defensa que se ha puesto en marcha no por una amenaza real, sino por una suposición. ¿Cuántas veces, en nuestra vida, nuestros enfados, nuestros ataques a otras personas son debidos a suposiciones que hemos hecho sin preguntar a la otra persona para obtener más información? Como lo vemos de una manera tan real, ¿para qué vamos a preguntar?

No podemos evitar hacer interpretaciones, pero sí evitar hacerlas antes de explorar y conocer. Este es un proceso de educación de nuestra percepción que exige un largo entrenamiento, entrenamiento que considero que merece ampliamente la pena. ¡Qué frecuente es ver hoy en día en la fusión entre empresas la predisposición que hay para emitir juicios sobre los de la otra empresa! Recordemos que cuando hemos hecho una interpretación la vivimos como absolutamente real y por ello en nuestros gestos y en nuestro tono de voz expresamos aquella realidad que contemplamos aunque nuestras palabras parezcan querer decir algo diferente. De esta manera es frecuente que nuestro mensaje sea muy incoherente, ya que nuestras palabras, aunque puedan sonar bien, a lo mejor no se ajustan a nuestras expresiones y a nuestro tono de voz.

Lo que yo doy por cierto puede no ser real

Imagínese por un momento que usted está analizando un determinado asunto. Después de estudiarlo con detalle, llega a la conclusión de que sabe perfectamente de qué se trata, lo ve con claridad y de ello no hay duda alguna.

Ahora vamos a suponer que ese asunto en cuestión lo ve con la claridad con la que está viendo este rectángulo.

No hay duda de que se trata de una figura rectangular, ya que su experiencia pasada le recuerda las características que tiene cualquier forma rectangular.

Ahora imaginemos que tiene que hablar del asunto en cuestión con otra persona, por ejemplo, un colaborador. Este colaborador le da una visión completamente distinta de la que usted tiene; no sólo distinta sino también incompatible.

Al principio piensa que o no le ha entendido bien, o que usted no se ha explicado con suficiente claridad. Insiste y vuelve a dar su opinión pero no logra nada. Usted dice que es un rectángulo y él sostiene que se trata de un círculo. ¿Verdad que es sorprendente encontrar en nuestra empresa y en nuestra vida en general personas que no comprenden por más que se lo digamos una y otra vez? Tal vez ahora descubra el por qué de este fenómeno tan curioso.

Como usted ve el rectángulo con claridad meridiana acaba pensando, francamente, que la otra persona no quiere entrar en razón, porque es imposible que vea un círculo. En realidad, ambos tienen razón porque la perspectiva desde la que ambos miran es diferente, y es la perspectiva desde la que se mira la que determina lo que se ve.

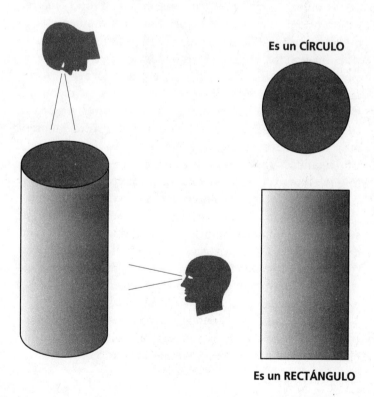

Es un CÍRCULO

Es un RECTÁNGULO

La realidad es infinita y los seres humanos sólo tenemos acceso a un punto de vista, aunque la mente nos genere la alucinación de que podemos ver la realidad en su totalidad. Nuestra percepción no es más que la aproximación a la realidad desde nuestro punto de vista particular, el cual a su vez está muy influido por nuestra historia personal y nuestras experiencias previas.

Si comprendiéramos esto en profundidad no nos afectaría la crítica de los demás, que en realidad expresa, simplemente, otro punto de vista; sin embargo, por lo general, nos tomamos las críticas como si fueran la mismísima realidad y por eso nos afectan tanto.

Recuerdo que hace años, dando un curso de liderazgo para la junta de gobierno de una gran empresa, uno de los asistentes empezó a hacer comentarios en un tono «fuerte» sobre mí durante mi exposición. En aquel momento sentí que él tenía tanto derecho a emitir su punto de vista como yo había tenido a exponer el mío. Por eso el mensaje que intenté transmitirle fue que aquella era una forma perfectamente válida de pensar, aunque él y yo no coincidiéramos. Lo curioso fue lo que siguió: a partir de aquel momento, esa persona empezó a dar ideas para mejorar su empresa mucho más eficaces que las que había dado yo.

Cuando terminó el curso, el director general me felicitó por el curso. Cuando le pregunté qué era lo «que más le había gustado», me respondió para mi sorpresa que lo mejor había sido mi manera de responderle al participante que se había expresado con tanta dureza. El director general me dijo que con él hacía lo mismo en las reuniones y que habitualmente lo acababa echando. Aquel día se había dado cuenta de cuánto había perdido al no haber aprovechado el enorme talento que aquella persona tenía.

La realidad es algo mucho más extensa y compleja de lo que cada uno de nosotros puede percibir. Esto nos lo recuerda el gran poeta inglés William Blake:

«*Si las puertas de la percepción fueran limpiadas, la realidad aparecería como es: infinita. El Mundo en un grano de arena, el Paraíso en una flor. La Eternidad en una hora, el Infinito en la palma de mi mano.*»

¿Cómo vemos, en realidad, la realidad?

Cada uno de nosotros percibe la realidad a través de unos filtros que se han ido creando y reforzando a lo largo de nuestra experiencia y de nuestra historia particular. Estos filtros se denominan *paradigmas* y son los que constituyen los límites de nuestra *percepción*. Lo que esté fuera del alcance de nuestros paradigmas será invisible para nosotros, aunque lo tengamos delante de nuestros ojos.

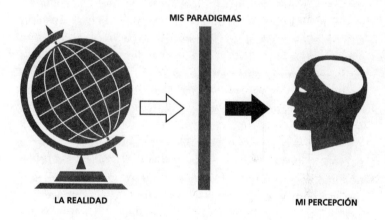

MIS PARADIGMAS

LA REALIDAD

MI PERCEPCIÓN

Un ejemplo nos aclarará las cosas. En el siglo XII después de Cristo, un místico sufí llamado Rumi cuenta lo que ocurrió cuando llevaron un elefante a una aldea en la que jamás habían visto uno, y ni siquiera sabían lo que era. Dada la expectación despertada, al caer la noche, tres de los habitantes de la aldea, en un deseo de ganar notoriedad, se dirigieron por separado a la tienda donde tenían escondido y a oscuras al animal. El primero de ellos tocó una pata y en seguida le recordó la forma de una columna, con lo cual se alejó convencido de que un elefante era algún tipo de pequeño edificio. Otro agarró la cola y se alejó creyendo que un elefante era una extraña cuerda. El tercero se encontró con la trompa y al ver que se movía pensó que un elefante era una gran serpiente y salió corriendo de aquel lugar.

Todos salieron convencidos de que sabían perfectamente lo que era un elefante. Su falta de otras perspectivas y el sentido que su experiencia daba a lo que percibían fue la causa del error. Si se hubieran comunicado entre sí sus puntos de vista, en lugar de creerse cada uno que lo que había visto era toda la realidad existente, hubieran entendido mejor su experiencia y se habrían acercado más a la realidad.

La percepción es, como hemos visto, una creación virtual de nuestro cerebro para dar un sentido a la realidad que estamos contemplando. Las imágenes que vemos son descompuestas en miles de fragmentos de información que son enviados no sólo a las áreas visuales en el lóbulo occipital del cerebro, sino también a zonas de nuestro cerebro emocional y a otras áreas donde se almacenan los recuerdos. El resultado es una imagen global con un sentido, con un significado para nosotros.

Cuando vamos por la calle y pasamos junto a otras personas, basta un simple vistazo para saber cuáles de ellas nos gustan y cuáles no, y lo curioso es que ni siquiera hemos hablado con ellas, con lo cual no podemos conocerlas. Sin embargo, nuestros modelos sociales y nuestras experiencias previas están determinando de antemano cómo vamos a ver a las personas.

En el mundo de la educación y en el mundo de la empresa esto adquiere una relevancia extraordinaria, ya que si por ejemplo un profesor cataloga a un alumno en base a que le guste más o menos por su aspecto, su forma de mirar o su forma de vestir, verá todo lo que haga el alumno a través de sus propias etiquetas. Si ha catalogado al alumno como inteligente y el alumno no aprende, le explicará las cosas de forma diferente hasta que consiga aprenderlo. Sin embargo, si le ha catalogado como torpón, si no entiende la explicación, no se molestará en explicársela de otra manera ya que cree que es inútil hacerlo.

Los seres humanos no solemos plantearnos que hay muchas distorsiones en nuestra forma de mirar, ya que creemos que lo que nosotros vemos es lo que es.

Todos estos fenómenos ocurren de modo automático, por debajo de la conciencia, y por ello son tan difíciles de cambiar, ya que uno ni siquiera se da cuenta de que están actuando.

Imaginemos en la empresa a aquellas personas a las que ya se les ha colocado su sambenito y que van de departamento en departamento, precedidas por su mala fama. No digo que la gente se merezca o no la forma en la que se la cataloga, pero tal vez, si usáramos un radar en lugar de una armadura, podríamos ver aspectos valiosos hasta en las personas más difíciles y podríamos ayudarlas a superarse.

Es por lo tanto muy importante tener siempre bien presente que la percepción es un fenómeno subjetivo que está determinado por las experiencias previas que hayamos tenido y que van a ser las que den un sentido, un significado, a lo que vemos. Todos miramos el mundo a través de nuestros paradigmas, esos mapas mentales que nos permiten orientarnos en el mundo, y por eso cuando comunicamos nuestra forma de ver las cosas y somos receptivos al punto de vista de otras personas podemos comprender mejor la realidad y entender de qué forma nuestros filtros distorsionan lo que existe. Esto inmediatamente nos abre un gran abanico de oportunidades, ya que somos capaces de apreciar cosas que previamente no veíamos.

No ver más allá de nuestros paradigmas le ha costado a la empresa perder cantidades fabulosas de dinero. En los años setenta, la relojería suiza, después de un siglo de fomentar la excelencia empresarial y tecnológica, entró en una crisis que supuso la pérdida del 70 % de los beneficios mundiales, y esa crisis se debió únicamente a los propios paradigmas de los profesionales suizos. De hecho, el reloj digital no fue inventado por los japoneses sino por los suizos. Cuando los fabricantes suizos le pidieron al principal inventor del gremio en Suiza que creara el reloj del futuro, él creó el reloj digital, pero los fabricantes no supieron ver en aquel invento un nuevo camino para el mundo de la relojería. Ellos tenían claro que un reloj tenía que tener manecillas, cojinetes y engranajes, y aquello no tenía nada de eso, con lo cual carecía de valor. El inventor y propietario de la patente se marchó de la compañía y presentó su invento en la feria anual de relojería celebrada en Suiza. Seiko y Texas Instruments llegaron, vieron y compraron a medias la patente.

El doctor Rosenthal, catedrático de Psicología en la Universidad de Harvard, demostró que cuando un profesor recibía a alumnos sobre los que le habían dicho que eran malos estudiantes, los resultados de esos estudiantes eran muy pobres. Aunque entre aquellos estudiantes hubiera alumnos muy inteligentes, el profesor sólo veía en ellos su torpeza, pues las expectativas que depositaba en ellos se ajustaban a su paradigma, un filtro totalmente condicionado por lo que le habían dicho sobre ellos.

La experiencia también se hizo con otro profesor al que se le dijo que le iban a mandar los alumnos más brillantes. Aunque entre sus alumnos había algunos de los más flojos, todos obtuvieron excelentes calificaciones, ya que el profesor, al tenerles por brillantes, les apoyó más y les dio más oportunidades para mejorar y progresar.

Nunca olvidaré lo que le pasó a Edison, la persona que más patentes tiene en la historia. Delante del pequeño Edison, el director de la escuela le dijo a su madre (que era viuda) que había hablado con los profesores de Thomas y habían llegado a la conclusión de que el niño no tenía cerebro suficiente como para seguir unos estudios primarios. La señora Edison contestó: «Señor director: me llevo a Thomas porque tiene más cerebro que todos ustedes juntos». En su autobiografía, este hombre extraordinario que sólo tuvo tres meses de colegio pero inventó más de mil patentes señalaba que no habría podido inventar nada si no hubiera sido por la confianza en sí mismo que su madre le supo transmitir.

Me acuerdo de una persona que tenía con su jefe una relación bastante superficial y ninguna confianza. Tras reflexionar, esta persona comprendió que la comunicación puramente cosmética a nadie beneficiaba, y un día habló con su jefe y se sinceró con él. Al ver la autenticidad de su colaborador, el jefe poco a poco también se fue abriendo y actualmente la relación profesional entre ellos es de profundo respeto y confianza, y los resultados que están obteniendo han mejorado en consonancia. Mi amigo ahora contempla sorprendido cómo algunos de sus compañeros creen que le está «haciendo la pelota al jefe», ya que ellos, a través de sus paradigmas, no pueden contemplar ninguna otra realidad, porque como decía el economista Adam Smith, «el pez no sabe que está dentro del agua hasta que le sacan de ella».

No me cuentes tus opiniones como si fueran los hechos. Cuéntame los hechos y deja que yo saque mis propias opiniones.

Cuestionario 2

Dado que para nosotros es de gran importancia incorporar el conocimiento y lo incorporamos a base de involucrarnos en el proceso de aprendizaje, de pararnos, pensar y practicar, le presento una serie de cuestiones para que las medite.

6. ¿Qué papel juega la información y qué papel juegan las suposiciones en su relación con otras personas?

7. ¿Cree que porque le haya ocurrido una vez algo incómodo o desagradable volverá a ocurrirle si vuelve a intentarlo?
8. ¿Qué podría ocurrir si además de intentarlo más veces, lo intentara de forma diferente?
9. ¿Está dispuesto a practicarlo?
10. ¿De qué manera puede empezar?
11. ¿Con quién lo hará?

La clave no se encuentra en intentarlo una y otra vez de la misma manera, sino en tratar abordajes diferentes y ver los resultados. ¿Se acuerda de Edwards Deming? Él nos sugería ver lo que funcionaba y lo que no, modificar los procesos y los abordajes y evaluar los nuevos resultados. Tenga presente, además, que es necesario ser paciente, porque las personas somos complejas y cuando empiece a actuar de un modo diferente, los demás van a quedar sorprendidos y van a intentar interpretarlo según sus paradigmas, pensando que lo que perciben es la realidad. Sólo la consistencia en su actuación les permitirá ver que se ha abierto un nuevo tipo de comunicación entre ustedes.

III

El sentido de lo que hacemos y su influencia en nuestra vida

Hoy en día se considera que para mejorar los resultados tanto en el plano personal como profesional es muy importante tener la sensación de que no vamos a la deriva sino de que avanzamos hacia un lugar determinado que para nosotros representa un lugar definido y valioso.

Posiblemente fue Victor Frankl la persona que de una manera más clara nos ha hecho ver el papel que juega el tener un sentido en la vida, incluso en la capacidad de supervivencia. Es curioso que Maslow colocara en el nivel superior de su pirámide una necesidad imprescindible para la supervivencia: la necesidad de encontrar sentido.

Frankl, psiquiatra austriaco encerrado en el campo de concentración de Auswich, en Polonia, nos cuenta la importancia que tenía para la supervivencia de los prisioneros el que tuvieran o no un sentido (una razón) para vivir. Hace ya bastantes años, siendo estudiante de Medicina, obtuve una beca para ir a hacer prácticas a un hospital en Innsbruck, Austria. Durante un fin de semana, otro estudiante y yo nos acercamos a conocer Múnich, porque estaba bastante cerca, y desde allí cogimos un tren a Dachau, que durante la II Guerra Mundial había sido el campo de experimentación médica. Mientras se me caían las lágrimas al ver las fotografías, las barracas y las duchas de gas, me acordé de Victor Frankl y de cómo en un campo como aquel había hecho un descubrimiento sensacional que tiempo después ayudaría a miles de personas en el mundo. Frankl observó que entre los prisioneros había algunos que sobrevivían a los horrores del campo de una manera incomprensible. Era como si les sostuviera una fuerza interior y misteriosa que desafiaba toda lógica. Aquellos prisioneros conservaban su capacidad de sonreír y de ayudar a otros prisioneros cuando caían en sus momentos más bajos. No sólo sobrevivían a las crueldades del campo, sino que de hecho también sobrevivían a aquellos otros reclusos que tenían una constitución física mucho más fuerte. Con el tiempo, Victor Frankl encontró una respuesta: los prisioneros que acababan muriendo por agotamiento, hambre y sufrimiento se hacían una pregunta: «¿Qué espero yo de la vida?» La respuesta era un silencio vacío. Los que sobrevivían de forma inexplicable se hacían una pregunta bien diferente: «¿Qué espera la vida de mí?» Y la vida seguía esperando mucho de ellos.

La explicación física de este fenómeno tendríamos que buscarla muy probablemente en nuestro sistema inmunitario, ese entramado de mecanismos ultra complejos diseñados por la vida para defendernos de la enfermedad y la muerte.

Victor Frankl, a raíz de sus experiencias, creó una ciencia denominada *logoterapia*, cuyo impacto en el mundo ha sido extraordinario porque nos ha hecho sensibilizarnos sobre la importancia extrema de tener un faro, una guía que nos oriente cuando nos veamos rodeados por niebla y oscuridad.

Cualquier empresa tiene la posibilidad de utilizar los descubrimientos de Frankl para mejorar el clima laboral y mejorar, además, sus resultados financieros. Consideremos la diferencia entre el explicarle o no a los demás el propósito por el que se les encomienda una tarea. Cuando una persona entiende el sentido y el valor de lo que hace, lo hace de una manera completamente distinta a si lo único que ve es la tarea desprovista de sentido. Cuando uno ve que lo que hace, aunque sea algo tan sencillo como copiar un informe o hacer un montón de fotocopias, es su aportación particular para lograr un objetivo valioso, esa persona se siente considerada y se toma la tarea no como un encargo impuesto sino como su contribución personal.

Pienso que la empresa de hoy en día, si quiere activar la mejor parte de sus empleados, tiene que aprender a exigir menos y a esperar más de ellos. Cuando yo sé que hay una persona que espera mucho de mí, intento no defraudarla, porque nadie esperaría tanto de mí si no me viera valioso. En el campo de prisioneros de Dachau algunos prisioneros entendieron que aunque los guardias no les valoraran ni esperaran nada de ellos, la Vida sí les valoraba y esperaba todo de ellos. ¿Acaso en los momentos de dificultad y en los procesos de cambio el mensaje más inteligente que se puede mandar a la gente no es lo mucho que se espera y se confía en ellos? ¿Se lo decimos o damos por supuesto que ellos ya lo saben?

El objetivo común: la esencia del equipo

Podemos obligar a una persona a beber agua, pero no podemos obligarla a beber con gusto, y eso es precisamente lo que marca la diferencia. El verdadero potencial de una persona se pone en marcha no cuando se le dice hacia dónde tiene que ir, sino cuando esa persona descubre el mejor lugar al que dirigirse. Creo que la clave no es decir, y mucho menos imponer, sino inspirar para que cada uno pueda descubrir. Todas las personas tenemos unos valores que son los que marcan nuestras conductas. Si yo valoro la sinceridad, mi conducta además de mis palabras serán sinceras. Nadie va a dar lo mejor de sí mismo si no ve que la dirección que le marca la empresa es compatible y está alineada con la dirección que marcan sus valores, aquello que es valioso para esa persona.

Cuando trabajo con empresas es frecuente que todos

sean conscientes de que no les mueve un interés común, sino tan sólo defender unas posiciones que ven en mayor o menor medida amenazadas. Al analizar los objetivos que tienen, suele observarse con frecuencia que se trata de objetivos opuestos, y todo el mundo suele reconocer lo difícil que es entonces conseguir resultados sobresalientes. Esto es sumamente común porque las personas desde muy pequeñas hemos sido entrenadas para buscar y encontrar aquello que nos separa en lugar de buscar aquello que nos une. Una de las características más claras del líder es esta disposición a buscar esa arena común donde las personas encuentran puntos de unión y no diferencias. He observado que cuando las personas empiezan a buscar ese espacio que las acerca y se distancian de esos posicionamientos que las alejan, descubren sorprendidas que si se ayudaran unas a otras conseguirían alcanzar sus objetivos de una manera mucho más rápida y eficiente. Esto que ahora se ve con tanta claridad y que antes ni tan siquiera se vislumbraba no es más que la consecuencia de dejar de actuar desde una posición ofensivo-defensiva y empezar a buscar el interés común.

¿Cuál es la velocidad real a la que avanza una empresa cuando los intereses de las personas que trabajan en ella son diferentes e incluso contrarios?

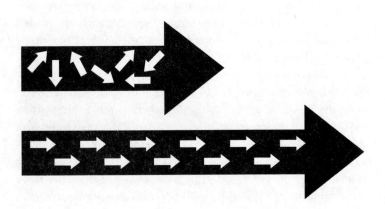

Los compartimentos estancos donde cada departamento de una empresa, cada «árbol», no tiene en consideración el conjunto de la empresa, el «bosque», llevan a no compartir información relevante y a que dicha información sólo circule cuando es estrictamente necesario. Este tipo de situación lleva también a que no se compartan las mejores prácticas, con lo cual no se construyen organizaciones inteligentes. La falta de visión global y de una perspectiva más amplia que la de fijarse en lo que hacemos en nuestro departamento hace que tampoco se sepa si lo que un departamento o una persona hace repercute favorable o desfavorablemente en lo que se hace desde otros lugares de la organización. Recuerdo al respecto una cadena de montaje que se construyó en Japón y que tenía forma de U para que todos pudieran ver cómo las piezas que fabricaban repercutían en el conjunto del producto que vendían.

Si queremos que nuestras organizaciones sean mucho más competitivas, dejen de adaptarse a los procesos de cambio y empiecen a generarlos, los integrantes de nuestro equipo han de dejar de ser meramente reactivos y empezar a ser proactivos. Para conseguirlo deben descubrir que hay un interés fundamental para ellos, y que no va a ser alcanzado si no son ellos los primeros en comprometerse a actuar con verdadera dedicación y entusiasmo. Hay que aprender a pararse en medio del ritmo desquiciado en el que se vive y plantearse si vamos hacia donde de verdad queremos ir. Hoy se piensa tanto a corto plazo que se pierde la perspectiva necesaria para descubrir qué nos aguarda a medio y largo plazo. Actualmente, en Estados Unidos, se pierden 300.000 millones de dólares al año por baja productividad, alta rotación y bajas por enfermedad, y en Europa la cifra es de 20.000 millones de euros. La causa de este desastre económico es el distrés, esa sensación de agobio y amenaza permanente en la que viven las personas. ¿No sería, tal vez, sensato pararse a pensar si esta es la dirección en la que realmente queremos ir? Si no nos paramos a pensar, tal vez cuando hayamos conseguido el resultado tan buscado, si es que lo conseguimos, estaremos demasiado distresados y enfermos como para disfrutarlo.

Creo que el plantearse «¿qué es lo mejor que puedo hacer?» es mucho más importante que el hacer algo bien. Si soy muy eficaz porque hago algo muy rápido y muy bien, y no me planteo que si hiciera otra cosa distinta haría mucho más en menos tiempo, es decir, que sería mucho más eficiente. Entonces estoy desperdiciando una ocasión para sacar mayor provecho de mi tiempo. Para ser eficiente es preciso aprender a pararse a pensar y planear. Es como aquella historia de leñadores en la que todos cortaban árboles sin parar, pero uno de ellos cada semana desaparecía unas horas sin dar ninguna explicación. El hecho llenaba de confusión a sus compañeros que no entendían el porqué de esa pérdida de tiempo. En realidad, aquel curioso leñador aprovechaba esas horas para afilar su hacha, con lo cual cuando regresaba al bosque cortaba más árboles con menos esfuerzo y en menos tiempo.

Pararnos a pensar no sólo nos ayuda a hacer correctamente las cosas, sino también a descubrir qué cosas son las más valiosas de hacer.

Generar una cultura donde todos tengamos la responsabilidad de pensar no sólo en nuestro departamento, en nuestro trabajo, sino también en el conjunto de nuestra empresa, es generar una cultura donde «todos los árboles cuidan del conjunto del bosque». Toda la teoría de sistemas demuestra hasta qué punto es inteligente pensar así, porque aunque nuestra reducida perspectiva no nos permita apreciarlo, cuando uno se aísla y sólo se preocupa de lo suyo y no del conjunto, al final ni tan siquiera lo suyo se salva. Aprender a romper los compartimentos estancos, que son los departamentos aislados unos de otros, empieza por saber qué hacen los demás y por descubrir cómo lo que uno hace repercute en ellos y lo que ellos hacen repercute en mí.

Una ventaja añadida de este conocerse y valorarse es la generación de un ambiente más amable y tolerante donde se empiezan a generar proyectos compartidos, proyectos en los que miembros de distintos departamentos, enfocados sobre un objetivo común, se constituyen en un equipo multidisciplinar que aporta enfoques complementarios. En Medicina es esencial trabajar de esta manera y así, por ejemplo, en el tratamiento de tumores es necesaria una colaboración estrecha fruto de la confianza y del objetivo común (la curación del paciente), entre el radiólogo, el oncólogo, el radioterapeuta, el cirujano y el paciente. Dejar a un lado los egos personales para crear una «mente maestra» que tenga muy claro que el objetivo es encontrar la mejor solución, hace que todos los participantes sean más tolerantes a la hora de escuchar y analizar puntos de vista, aunque al principio para nada coincidan con los suyos. Dado que el fenómeno perceptivo es tan subjetivo, sólo esta humildad y generosidad permite que nuestras suposiciones se evaporen y dejen paso a piezas de información que nos aportan nuestros colegas pero que nosotros únicamente podremos valorar desde una situación de apertura y tolerancia.

La Ley de los Sistemas Complejos establece que todos somos a la vez causa y efecto de lo que nos sucede.

Cuestionario 3

12. ¿Tienen en su departamento objetivos compartidos o más bien son diferentes e incluso contrarios?
13. ¿De qué manera lo que hace repercute en los resultados de otras personas de su equipo o de su empresa?
14. ¿Qué podría hacer para favorecer que otras personas alcanzaran más fácilmente sus objetivos?
15. ¿Qué podrían hacer otros para que usted alcanzara más fácilmente sus objetivos?

SEGUNDA PARTE

HACIA UNA DESCRIPCIÓN DEL LÍDER

«Sólo aquellos que se arriesgan a llegar demasiado lejos descubren qué tan lejos se puede llegar.»

T. S. Eliot

IV

La elección de pensar en grande

Comenzamos un nuevo capítulo en nuestra búsqueda y comprensión de las características que permiten al líder generar nuevas realidades. Hemos visto que precisamos entender lo que mueve a las personas, las situaciones que generan en los seres humanos emociones positivas. La persona motivada para ver a su familia lo está porque con ella vive una serie de emociones que le hacen sentir paz, sosiego y seguridad. Cada uno de nosotros, en cada momento de nuestra vida, tenemos unas motivaciones más intensas que otras porque sentimos que nuestras necesidades están menos cubiertas en ese sentido. Una persona que se siente muy sola en su vida personal se sentirá especialmente motivada si se siente acogida y aceptada entre sus compañeros de empresa. Aprender a pulsar estas necesidades para encontrar la manera de cubrirlas es algo que los líderes buscan de manera continua. A esta capacidad para ver el mundo desde los ojos de la otra persona y, de alguna manera, sentir el mundo desde «su piel» es a lo que se llama *empatía*.

El líder tiene la humildad y la generosidad de escuchar el punto de vista de la otra persona porque, aunque ve con claridad un determinado asunto, sabe que nadie está en posesión de la verdad, ya que la realidad es infinita.

También hemos visto la importancia de encontrar un sentido y un propósito en lo que hacemos. Es tan importante que influye incluso en la salud física, pues afecta al funcionamiento del sistema inmunitario. Todo líder capaz de generar nuevas realidades positivas es también capaz de fortalecer su espíritu a través del sentido que ha encontrado en su vida. Este sentido ha hecho que personas desnutridas y mal vestidas como Gandhi o la Madre Teresa hayan creado posibilidades inéditas para muchas personas.

Cuando un enfermo que padece un cáncer de evolución fatal y rápida tiene un verdadero motivo para seguir viviendo, puede salir adelante hasta que ve cumplida su misión. A la Ciencia Médica le resultan sorprendentes estos fenómenos porque no es común que la medicina occidental comprenda todavía la relación tan estrecha que existe entre el espíritu y el cuerpo.

En este nuevo capítulo vamos a avanzar un poco más en lo que significa tener un objetivo o propósito, tener esa estrella que nos guía y que nos empuja a explotar al máximo nuestras capacidades. Las personas estamos perdiendo muy deprisa nuestra capacidad de soñar porque confundimos sueños con utopías. Pienso que es mucho más estimulante morirse sin haber alcanzado una estrella que morirse sin haber tenido ninguna estrella que alcanzar. Si uno no alcanza la estrella, pero a base de intentarlo ha llegado a adquirir una altura que le parecía imposible, no puede sentirse decepcionado.

En un momento de mi vida decidí dar el salto definitivo al mundo de la formación empresarial. Si bien a lo largo de varios años había desarrollado progresivamente esa faceta profesional, sentía vértigo porque aquel salto implicaba renunciar al trabajo que tenía en un hospital y que me había costado mucho conseguir. Mis más de veinte años de experiencia quirúrgica me decían que no fuera loco. Mi futuro tendía a mostrarme las consecuencias negativas que podría acarrearme tal decisión. Entonces me senté y en dos sesiones de cuatro horas inventé algo nuevo, una visión, un propósito que reflejara aquello que de verdad quería llevar a cabo en mi vida, aunque ya fuera un hombre talludo. Confié en mí y confié en que el Universo era mi amigo y no mi enemigo, y aunque tenía la sensación que puede tener un ser humano en medio de una selva, sentía un profundo respeto hacia ese ser humano que había decidido confiar y arriesgarse a pesar de su miedo.

Ha pasado el tiempo y mi grado de satisfacción por la decisión tomada es difícil de explicar, ya que lo que se ha puesto en marcha no es sencillo de describir. Tal vez sean las palabras de Goethe, el literato y filósofo alemán, las que mejor lo expliquen:

> *A propósito de todas las iniciativas, hay una verdad elemental cuya ignorancia mata innumerables ideas y espléndidos planes: en el momento en el que uno se compromete de verdad, la Providencia también lo hace. Toda clase de cosas comienzan a ocurrir para ayudar a esa persona, cosas que sin su previo compromiso jamás habrían ocurrido. Todo un caudal de sucesos se pone en marcha con aquella decisión, ayudándole por medio de incidentes inesperados, encuentros insospechados y ayuda material que nadie hubiera soñado que pudieran ocurrir. Si sabes que puedes o crees que puedes, ponte en marcha. La audacia tiene genio, poder y magia. Comienza ahora, ponte en marcha.*

La visión: una imagen que te impulsa a sobrepasar tus límites

Una visión no es un concepto ni tan siquiera un deseo. Es un sueño, una vivencia que nos atrae y que nos ayuda a dar lo mejor que hay en nosotros. Una visión es lo que permite que gente común consiga un resultado extraordinario. Las «alas de la inteligencia» se despliegan para elevar a la persona a la altura de su sueño, nos recuerda Marina. Las posibilidades que tiene una persona de desplegar al máximo sus talentos dependen de hacia dónde mira. Si mira hacia lo que le dice su memoria, sus experiencias y, sobre todo, el sentido que les haya dado, no podrá alcanzar nada más que una extensión de lo que hasta ahora ha obtenido. Sin embargo, si es su imaginación la que le mueve, entonces no sólo podrá llegar hasta donde es razonable, sino también hasta donde es posible.

La visión es una experiencia, es una vivencia para traer hasta aquí lo que mi imaginación me permite ver más allá. El proceso no es automático y al igual que el boceto de un cuadro pide que trabajemos sobre la tela para crear una gran obra de arte, nuestra visión pasará de una borrosa ilusión a algo tremendamente tangible. Una de nuestras herramientas para trabajar ese «lienzo» la constituyen una serie de preguntas capaces de crear imágenes y despertar emociones en nuestro interior:

¿Cómo es?
¿Qué se siente estando ahí?
¿Cómo puedo describirla?
¿Cuáles son las consecuencias en mi vida de estar ahí?

Ya puede suponer que para contestar a estas preguntas uno tiene que buscar un lugar tranquilo donde no le puedan interrumpir. No es un ejercicio fácil y hay un momento en que resulta especialmente arduo porque se tiene la sensación de que no se va a descubrir nada sorprendente ni especialmente valioso, pero no es así. Cuando uno es capaz de aguantar ese tiempo solo y en silencio intentando descubrir hacia dónde quiere ir de verdad, cuando uno menos se lo espera, sale de algún lugar de la mente un pensamiento, una vivencia, una emoción que le hace comprender aspectos de sí mismo que hasta entonces se mantenían ocultos.

El gran desafío de este ejercicio es que exige disciplina y nuestra mente no está entrenada para pensar con intensidad. Si mi experiencia me hubiera demostrado que este tiempo es improductivo, no se me ocurriría sugerir este ejercicio de introspección. Sin embargo, pienso que no es posible redirigir la propia vida hacia lugares de mayor abundancia si uno no decide pararse a pensar y valorar si el rumbo que lleva es el rumbo que quiere llevar.

No sabrá hasta qué altura puede llegar a volar hasta que no se decida a abrir sus alas.

Cuando uno estudia la vida de algunos grandes líderes, se da cuenta de que muchas veces no se trataba de personas a las que podríamos llamar *excepcionales*, sino que algunas eran bastante corrientes. Como ejemplo me gustaría recordar a una de esas personas: Mahatma Gandhi, ese hombre bajito y delgado, vestido sólo con una tela de algodón, que desafió al todopoderoso Imperio Británico y logró que la India y Pakistán fueran declarados independientes el 15 de agosto de 1947.

Gandhi nació en el estado de Gujerat en la parte occidental de la India en 1869 y, al parecer, arrastraba un cierto complejo de inferioridad que le hacía prácticamente imposible superar su gran timidez. Su dificultad para expresarse no le ayudaba nada en su profesión de abogado, y cuando volvió a la India ni siquiera era capaz de convencer con sus alegatos a los jueces de Bombay. Su familia, muy decepcionada por su fracaso profesional, le sugirió que se fuera a Sudáfrica para arreglar los asuntos legales de un pariente lejano. Fue en ese recóndito lugar donde Gandhi experimentó su sorprendente transformación personal al no querer adaptarse y someterse a las humillantes disposiciones existentes. A partir de ese momento, su fuerza como orador creció y llegó a ser legendaria, como también lo fue su celebre frase: «El ojo por ojo dejará a este mundo ciego».

Gandhi no sólo desarrolló al máximo en su interior una visión de una India libre, sino que tuvo la enorme capacidad de transmitir su visión a todos sus habitantes. Aquel pueblo indio sencillo y humilde llegó a vibrar con la misma fuerza y entusiasmo con los que vibraba el propio Gandhi.

Gandhi no quería seguidores, Gandhi quería nuevos líderes que hicieran crecer su visión. ¡Qué diferente la manera de ser de Mahatma Gandhi de la de las personas que cuando tienen una idea quieren controlar todo su desarrollo y no permiten que nadie en su equipo la haga crecer! Esta conducta, aunque es muy humana, no permite que una idea transformadora se despliegue con la fuerza y el alcance con la que lo haría si hubiera más personas que la sintieran suya y se vieran profundamente inspiradas por ella.

Sólo soy un hombre corriente con una habilidad inferior a la media. Soy un idealista práctico y no reconozco ningún otro talento para explicar lo que he logrado. No tengo ninguna duda de que cualquier hombre o mujer pueden hacer lo mismo que yo he hecho, si tienen la misma paciencia y cultivan la misma fe que yo he cultivado.

MAHATMA GANDHI

¿Cuál es el verdadero alcance de una visión?

Cuando yo pienso en el impacto de una visión pienso en las águilas. Un águila puede ver ochenta veces mejor que una gallina y ver una presa pequeña a más de dos kilómetros de distancia. Su mirada tiene una gran claridad, una gran perspectiva y una enorme profundidad. Para nosotros no es nada sencillo generar una visión porque nuestra educación no suele favorecer demasiado el desarrollo de la imaginación, aquella cualidad de la que Einstein decía que era más importante que el conocimiento. La imaginación la pone en marcha el hemisferio derecho del cerebro y ese hemisferio no lo cultivamos demasiado.

Una visión es el resultado de conectar con algo mayor que uno mismo. Una visión inspira y mueve a las personas, aumentando verdaderamente la expresión de su potencial. Cuando somos capaces de saber que la encina está contenida en la bellota, entonces podemos tener el entusiasmo y la paciencia para creer aunque físicamente no veamos.

Si bien el concepto de *visión* resulta abstracto, sus efectos son bien concretos: nos brinda una orientación y un sentido en el día a día. No hay pérdidas de tiempo ni elementos superfluos porque todo lo que nos sucede se convierte en oportunidades para obtener los recursos y para practicar las competencias que son necesarias para que nuestro sueño, poco a poco, vaya cristalizando en una gran realidad. Nuestra visión determina lo que a partir de ahora va a ser esencial cultivar para nosotros en materia de hábitos y de competencias. En esa página en blanco que es cada nuevo día, no vamos a ir colocando atropelladamente lo que vaya ocurriendo. Muy al contrario, a lo largo del día habrá apartados específicos para mantenernos alerta y buscar oportunidades para practicar y dominar las competencias esenciales para nuestra visión.

Todos nosotros, a lo largo del día, vamos a encontrarnos con problemas, dificultades y obstáculos. La diferencia entre la persona que tiene muy claro el lugar hacia el que quiere dirigirse y la persona que no lo tiene claro es que la primera puede ver los obstáculos como peldaños en un camino que le acerca a su objetivo. Este hecho no es intrascendente, aunque a primera vista pueda parecerlo. Se ha demostrado que el hecho de que ante una dificultad el organismo ponga en marcha unas áreas del cerebro y unas hormonas específicas depende en gran medida del sentido que le estamos dando a lo que nos ocurre. Ante una situación novedosa y difícil, el hecho de que nuestro cuerpo reaccione como si estuviéramos físicamente amenazados o que lo haga como si nos encontráramos ante un desafío para crecer y desarrollarnos determina el tipo de resultados que obtenemos. Cuando nos sentimos amenazados psicológicamente se ponen en marcha el mismo tipo de mecanismos que cuando nos sentimos amenazados físicamente. En ese momento y como ya hemos visto, nuestro cerebro y nuestro cuerpo sólo nos permiten atacar, huir, defendernos o quedarnos bloqueados. Sin embargo, cuando consideramos que estamos ante un desafío, nuestro organismo segrega noradrenalina y dopamina, sustancias que hacen que estemos especialmente concentrados y que podamos hacer frente al problema con muchas más alternativas de solución que las que surgen cuando se ponen en marcha mecanismos de ataque, de huida, de defensa o de bloqueo.

Si no vivimos de acuerdo a una visión, carecemos de un proyecto y de un plan estratégico que nos indique las acciones importantes a seguir y los objetivos a corto, medio y largo plazo que hay que alcanzar. Esto puede llevarnos a reaccionar según la emoción del momento y privarnos de la oportunidad de elegir nuestra respuesta en base al sentido que orienta nuestra vida. Tal vez todo esto nos parezca un corsé difícil de llevar, pero únicamente nos parece así porque de tanto llevar moldes culturales sobre nuestras espaldas hemos encogido nuestra naturaleza hasta el punto de que ya ni la reconocemos.

Las personas que inspiran a los demás para alcanzar alturas que antes no eran posibles, las personas que ayudan a otros humanos a movilizar las energías dormidas que hay en su interior, son personas que no se han cuestionado de entrada el *cómo*, sino el *qué* y el *por qué*. Si se hubieran cuestionado de entrada cómo ponerse en marcha para alcanzar el objetivo logrado, lo más probable es que no hubieran encontrado el modo de hacerlo y en consecuencia no hubieran dado jamás un paso hacia delante. Cuando uno piensa sólo de manera muy racional es probable que no vea nada más que lo obvio y no lo posible. Cuando, por el contrario, uno se pregunta, se plantea lo que realmente quiere conseguir y la verdadera motivación por la que quiere conseguirlo, entonces es cuando se pone en marcha el corazón. La parte emocional del cerebro humano, llamada *sistema límbico* por su forma de anillo, es además capaz de activar o de desactivar áreas enteras de nuestro cerebro.

Cuando Daniel Goleman publicó su famoso libro *Inteligencia emocional*, la gente quedó perpleja al comprobar cómo la situación emocional de una persona afectaba al funcionamiento de las áreas más racionales del cerebro. Hay opositores que han preparado con verdadero esfuerzo una oposición durante años y el día del examen se han quedado bloqueados y se les ha olvidado todo. Esta «crueldad del destino» es la consecuencia de que los núcleos amigdalinos del cerebro anulen los hipocampos, esenciales en el almacenamiento y recuperación de los recuerdos.

Un líder no se plantea, de entrada, cómo hacer las cosas, sino que siente con intensidad lo que quiere lograr y por qué quiere lograrlo, y es a partir de ese momento cuando el pensamiento empieza a actuar de un modo verdaderamente sorprendente, enseñándole el camino que ha de seguir. Podríamos decir una vez más que lo que el corazón quiere sentir la mente se lo acaba mostrando.

Recuerdo aquella bella historia del trapecista que había subido con su hijo al trapecio. El hijo tenía miedo y su padre le dijo:

—Lanza tu corazón al trapecio y tus talentos lo seguirán.

> *Los únicos límites a la creación de un nuevo futuro son nuestras dudas de hoy.*
>
> Franklin Delano Roosevelt

Una visión compartida es una ilusión compartida

Una visión compartida es mucho más que una idea, es una fuerza de extraordinaria magnitud que pasa de ser una abstracción mental a algo tan palpable que se vive, intelectual y emocionalmente, como una auténtica realidad. Dado que ninguna persona puede generar transformaciones profundas si no cuenta con la ayuda, el apoyo y el entusiasmo de los demás, un líder ha de ser capaz de fomentar un clima de igualdad en el que los símbolos de estatus y sus privilegios se desvanezcan porque todos corran los mismos riesgos y se empleen a fondo y con igual empeño. Los colaboradores sólo seguirán con la mente y el corazón a un líder si descubren en él o en ella a un ser que se coloca a la misma altura y que les da ejemplo no con sus palabras, sino con sus actos. Esta es una forma de comunicación vital. Cuando el líder comparte su visión con sus colaboradores, les ayuda a ver que si se esfuerzan conjuntamente pueden tener más opciones de conseguir lo que para cada uno y de forma individual resulta más valioso y relevante. No es posible que se genere una visión compartida si el líder desconoce las necesidades personales y las preocupaciones de sus colaboradores, si el líder ignora sus motivaciones, lo que para ellos es importante, aquello por lo que vale la pena luchar. Al final son los lazos hunanos los que posibilitan el compromiso personal.

¿Qué es lo que juntos podemos alcanzar? ¿Qué es lo que nos gustaría lograr si supiéramos que no podemos fallar?

Estas preguntas son las que todos los miembros de un equipo pueden plantearse si de verdad quieren dejar de adaptarse al cambio y empezar a generarlo. Cuando esta pregunta estira las mentes de los miembros del equipo, esas mentes ya no vuelven nunca a sus dimensiones originales. Cuando la pregunta da lugar a que se genere una imagen que atrae y emociona, entonces ha nacido la visión compartida. Es entonces cuando queda en evidencia el poder que poco a poco se va desplegando, porque:

1. Una visión compartida estimula el riesgo, la experimentación y el aprendizaje. El líder ha movido a sus colaboradores para que rompan sus límites aparentes, les ha provocado para que osen emprender algo nuevo y les ha re-

cordado éxitos pasados, pero también les ha hecho ver el precio que han de estar dispuestos a pagar por alcanzar su sueño. Por eso, la visión compartida es una elección libre y no el simple acatamiento de una orden.

2. Una visión compartida aporta coraje, unión, energía, enfoque, responsabilidad y compromiso. De alguna manera se genera una nueva disposición de ánimo frente a la vida. A través de esta nueva disposición de ánimo uno se esfuerza en mejorar sus talentos y habilidades y en desarrollar aquellas capacidades que serán necesarias para afrontar con resolución el desafío.

Cuando nuestros talentos se combinan porque nos olvidamos de lo que nos separa y nos enfocamos en la visión que nos une, entonces aparecen nuevas posibilidades cuya existencia ni tan siquiera sospechábamos.

Cuestionario 4

A continuación le propongo una serie de cuestiones para que reflexione sobre los conceptos más importantes que hemos abordado en las últimas páginas. Como siempre, le recomiendo que se tome su tiempo para contestar las preguntas y que sea absolutamente sincero consigo mismo.

16. ¿Qué talentos y habilidades singulares poseo?
17. ¿Cómo utilizo y expando tales habilidades en mi vida personal y profesional?
18. ¿En qué actividades me siento más alegre y satisfecho y con la sensación de que he hecho algo valioso para mí y para los demás?
19. ¿Qué papel han jugado esos talentos y habilidades singulares que poseo cuando he sido capaz de marcar una diferencia positiva en mi vida y en la vida de otras personas?

No desprecie ningún talento porque le parezca poco valioso. Cualquier cosa que revele su singularidad, aunque parezca pequeña e insignificante, no lo es en absoluto. Fromm decía:

Sé quién en verdad eres. Descubre tus talentos y tu propósito en la vida. Esto te llevará a hacer lo que amas y porque haces las cosas con amor, obtendrás lo que necesitas.

ERICH FROMM

V

La misión:
la partitura de una gran melodía

¿Qué es una misión?

La misión es un complemento que energiza la visión y se diferencia de ella porque no se trata de una imagen, sino de una declaración escrita de los principios y valores que van a dictar nuestra forma de pensar, de hablar y de actuar. Un ejemplo histórico y mi propia misión personal pueden ayudar a entenderlo.

La claridad de una misión

Nelson Mandela es uno de los grandes líderes del mundo moderno. En diciembre de 1993 obtuvo, junto con De Klerck, el Premio Nobel de la Paz. Durante los actos de celebración de su elección como presidente de su país, la primera fila del auditorio no fue ocupada por dignatarios de otros países, sino por aquellos carceleros que le custodiaron a lo largo de los 27 años que permaneció en prisión.

«Fue a lo largo de aquellos largos y solitarios años cuando mi hambre por la libertad de mi propio pueblo se convirtió en hambre por la libertad de todos, fueran blancos o negros. Pude comprender que el oprimido necesita ser liberado tanto como lo necesita el opresor. Un hombre que priva a otro de su libertad es prisionero del odio y su cárcel está hecha de prejuicios y estrechez mental. Yo no soy completamente libre si le quito a otra persona la libertad, de la misma manera que tampoco yo soy libre si alguien me priva de mi libertad.

Cuando salí de prisión esa era mi misión, liberar tanto al oprimido como al opresor. Ser libre no significa solamente romper las propias cadenas, sino también vivir de una manera que respeta e incrementa la libertad en otros.»

La misión era esa brújula que le daba a Mandela la claridad que necesitaba para actuar no en base a lo que le apetecía hacer o le era más cómodo, sino en base a esos valores que se convirtieron en el núcleo de sus actuaciones.

Muchas veces tenemos que tomar decisiones que no son ni agradables ni fáciles; en estos momentos existe mayor predisposición a actuar en base a automatismos y es difícil tomar decisiones que no sean automáticas, sino verdaderas elecciones. Estas elecciones son siempre arriesgadas pero en ellas se encuentra la capacidad de transformar nuestras vidas. Es muy poco realista pensar que cuando vengan tiempos difíciles seremos capaces de comprometernos con unos valores que ni siquiera hemos definido.

Un caso personal

Hace tiempo yo escribí mi propia misión para que me hiciera siempre tener presente en mi trabajo y en mi vida el propósito de mi existencia: «Mi misión es la de unir a las personas para que rompan sus aparentes limitaciones y puedan experimentar en su vida una mayor alegría, disfrute, vitalidad, paz, capacidad expresiva, creatividad y amor». Mi misión es algo que tengo presente a la hora de determinar mi objetivo cuando doy un curso o preparo una charla. Gracias a ella, tengo presentes los estándares bajo los que me hace ilusión vivir.

Recordarme esta declaración significa enfocar mi atención donde mi brújula señala y no permitir que me distraigan elementos irrelevantes tales como si me apetece o no hacerlo, o si en mi opinión uno se merece o no se merece que alguien le ayude a generar mayor abundancia en su vida. Tener estos valores escritos es vital porque, como veremos a continuación, el lenguaje tiene una importancia crucial en nuestros procesos mentales, y si nuestra misión está escrita con palabras se convierte en la partitura de la que surge una preciosa melodía, nuestra propia vida.

Dedicar tiempo a escribir esos principios y valores fundamentales conforme a los cuales queremos vivir es algo que, de entrada, apetece poco porque no suele verse con suficiente perspectiva la dimensión que puede llegar a alcanzar en nuestra vida. Es posible que además nos pueda parecer algo artificial y poco natural porque de alguna manera pensamos que todos haremos las mejores elecciones cuando surja el momento de hacerlas. Si pensamos de esta manera, la misión se convierte en una especie de estructura que aparentemente nos quita toda espontaneidad.

Cuando vemos a un pianista tocando una melodía que llega a conmovernos, es importante recordar que tras su talento hay cientos de horas de práctica. Del mismo modo que es poco recomendable no preparar adecuadamente una operación quirúrgica o una entrevista con un cliente, tampoco es recomendable dejar en manos de la espontaneidad algunas de nuestras decisiones más cruciales, decisiones que vamos a tener que tomar en los momentos más inesperados. No confundamos lo que no nos es cómodo o familiar con lo que no es natural. Cuando hablo de la misión, suelo acordarme de aquellas niñas que fueron encontradas en la India hace muchos años y que habían sido criadas por lobos. De hecho, parece ser que en esta historia real se basó Rudyar Kipling cuando escribió *El libro de la selva*. Pues bien, la más pequeña de aquellas niñas murió al poco tiempo de ser llevada a la civilización. La segunda sobrevivió pero nunca aprendió el lenguaje y costó mucho tiempo que aprendiera a andar, ya que corría a cuatro patas.

Lo que me interesa resaltar con esta sorprendente historia es que el ser humano anda de pie desde hace dos millones y medio de años, que es cuando apareció el *Homo habilis* sobre la Tierra. Sin embargo, para estas niñas, lo natural era andar a cuatro patas porque los lobos que las habían criado se movían a cuatro patas, lo que nos demuestra hasta qué punto el entrenamiento social y cultural puede hacer que nos parezca natural lo que en realidad no lo es. Con frecuencia confundimos lo que nos resulta cómodo con lo que es natural en nosotros y por eso nos resistimos a cualquier tipo de entrenamiento que no nos resulte cómodo o familiar, y sencillamente lo consideramos antinatural, cuando la realidad es bien distinta. Todos andamos deprisa y casi nadie se para a pensar y a reflexionar. Necesitamos pararnos de vez en cuando para ver si las decisiones que dan lugar a nuestras conductas son coherentes y no contradictorias con nuestros valores más profundos.

El lenguaje: tecnología punta

La misión, aunque pueda parecer algo bien distinto por su aparente simplicidad, es un completo programa de entrenamiento personal que utiliza la tecnología más potente de la que dispone el ser humano para crear una nueva mentalidad. Esta nueva mentalidad es la que permite inventar nuevas posibilidades de abundancia para nosotros y para nuestras vidas.

¿Cuál es esa tecnología tan potente y tan pobremente utilizada? No es otra que la capacidad generadora y transformadora del lenguaje. Imagínese que va a un gimnasio porque ha decidido ponerse físicamente en forma y desarrollar su aparato cardiovascular. Nunca se inscribirá en ese gimnasio si no ve los aparatos de entrenamiento, pesas, etc. que cree que pueden ayudarle a mejorar su forma física.

Algunas de las empresas y de las cadenas de hoteles más importantes del mundo tienen escrita su misión para que todas las personas que trabajan en ellos tengan en cuenta los valores que sus conductas han de expresar. Cuando un cliente entra en una de esas empresas o en uno de esos hoteles y ve que esas palabras no entran en contradicción con las conductas que observa y el modo en que se le atiende, siente que se encuentra en un lugar que tiene credibilidad, algo nada sencillo de encontrar.

No es raro que pensemos que estas declaraciones escritas no son nada más que buenas intenciones sin ninguna otra capacidad real de generar conductas nuevas y más valiosas. El famoso aforismo «las palabras se las lleva el viento» no hace justicia al verdadero poder que tiene el lenguaje para transformar no sólo una vida sino también una sociedad. Dudo mucho que sin la Declaración de Independencia del 4 de julio de 1776, Estados Unidos hubiera alcanzado la libertad y se hubiera convertido en un país independiente.

Si le digo que el lenguaje tiene la capacidad real de transformar no ya sus procesos mentales, sino lo que es más complejo, su estructura física, tal vez me miraría con escepticismo, ya que si algo tan cercano como el lenguaje tuviera esa capacidad tan extraordinaria, todo el mundo lo estaría usando. Para que entienda mejor mi idea y valore que el lenguaje puede cambiar la realidad quizá valga la pena que nos adentremos brevemente en las bases científicas del lenguaje.

Aunque se supone que algunas áreas rudimentarias del lenguaje existían ya en nuestros primeros ancestros, hace más de dos millones de años, no fue hasta la aparición del *Homo sapiens sapiens*, hace 150.000 años, en el este de África, cuando el lenguaje experimentó una verdadera transformación. Desconocemos lo que ocurrió para que surgiera esta especie tan evolucionada y de la cual nosotros procedemos de manera directa. Lo que sí sabemos es que el pensamiento simbólico, es decir, la capacidad de hacer descripciones claras y transmitir conceptos a través de símbolos tales como los dibujos o las palabras, no significaba sólo la capacidad física de emitir sonidos o mover las manos para hacer la representación de un animal en la pared de una cueva, sino también una verdadera revolución en los procesos mentales, ya que otorgaba a la mente humana, además de la capacidad de describir un montón de datos, la capacidad de influir en su entorno.

Los hombres de Neanderthal convivieron con nosotros, los *Homo sapiens sapiens*, varios miles de años, y a pesar de ser mucho más fuertes, desaparecieron porque sus mentes no les permitían prever que los animales migrarían antes de que los hielos cubrieran la Tierra. Para preverlo habrían necesitado tener una mente simbólica.

En los procesos del lenguaje no solamente están implicadas áreas como las de Wernicke y Broca (que nos permiten entender y producir palabras), sino también las áreas prefrontales del cerebro desde las cuales podemos visualizar e imaginar el futuro. Siempre habíamos pensado que el lenguaje servía para describir el mundo, pero ahora, gracias a las investigaciones de un grupo de neurofilósofos y a los estudios recientes que se han hecho en el ámbito de las neurociencias, sabemos que el lenguaje tiene la capacidad de generar el mundo, de crear físicamente el mundo en el que luego vivimos, pues altera de manera sustancial el tipo de relación que mantenemos con todo aquello que nos rodea.

Michael Gazzaniga es uno de los neurocientíficos que más énfasis ha puesto en este tema. El lenguaje se halla asociado al hemisferio izquierdo del cerebro, donde también se ubica nuestra capacidad de interpretar y dar sentido a lo que nos ocurre. Imaginemos que voy en el autobús y me dan un empujón. Si paráramos en ese momento la escena veríamos que mi tensión arterial se eleva, mi pulso se dispara y una tensión se apodera de mis músculos. De repente, me doy la vuelta con cara de pocos amigos y descubro que la persona que me ha empujado es un hombre ciego. ¿Cómo es posible que mi tensión arterial y mi pulso se normalicen tan deprisa? Sencillamente porque he cambiado la interpretación del empujón. Antes había interpretado que no me respetaban y ahora, al tener más información, la nueva interpretación que hago es que no me han visto.

¡Cuántas veces construimos realidades con dos fragmentos de información y un montón de suposiciones! Es importante saber que en esas suposiciones juega un papel muy importante la forma en la que nos hablamos a nosotros mismos. Por eso, si ante una dificultad pensamos que es una situación muy difícil y que no podemos hacerle frente, todo nuestro cuerpo se lo cree y los cambios en nuestras hormonas y en la actividad de nuestro cerebro hacen que realmente seamos incapaces de solucionar tal situación. El modo en que nos hablamos a nosotros mismos tiene con frecuencia mucha más importancia que nuestros talentos y nuestra experiencia.

Una experiencia realmente impactante
En la Universidad de California, en Los Ángeles, un grupo de investigadores dirigidos por el profesor Jeffrey M. Schwartz ha demostrado algo que resulta de entrada prácticamente increíble. Existe una enfermedad psiquiátrica que se llama *enfermedad obsesivo compulsiva*. Este trastorno, cuyo origen se halla en una serie de circuitos defectuosos en los núcleos caudados del cerebro, hace que aquellos que la padecen se laven incontables veces las manos al pensar que todo lo que tocan está contaminado.

Los investigadores de UCLA mostraron a un grupo de estos enfermos que lo que les ocurría no era consecuencia de que ellos fueran personas defectuosas, sino que lo que tenían era un circuito defectuoso en los núcleos caudados del cerebro. A continuación les enseñaron la manera de contrarrestar esa tendencia casi irresistible a lavarse las manos mediante la utilización de un lenguaje que incluía mensajes positivos y de apoyo, un lenguaje que les permitiera dominar la situación y elegir no lavarse las manos a pesar de su compulsión por lavárselas.

Seis meses después pudieron comprobar dos efectos sorprendentes. El primero es que clínicamente estaban mejor los enfermos que habían utilizado el lenguaje que los que habían sido tratados con medicación. El otro efecto, si cabe más sorprendente, se relaciona con los estudios de imagen que se obtuvieron de los cerebros de los participantes. A todos los enfermos se les hizo una tomografía de emisión de positrones y en todos ellos, sin excepción, se hizo patente la emisión anómala de sus núcleos caudados. Al repetir la tomografía a los seis meses, al finalizar el estudio, los núcleos caudados de los enfermos que habían tomado medicación seguían emitiendo como anómalos, pero los de los que habían usado el lenguaje emitían como los núcleos caudados de personas normales.

Cuando Santiago Ramón y Cajal dijo: «Todo hombre, si se lo propone, puede ser escultor de su propio cerebro», se pensó que hablaba metafóricamente, pero no, hablaba literalmente. Hoy somos conscientes de la extraordinaria capacidad plástica y de remodelamiento no sólo del cerebro del niño, sino también del cerebro del adulto. Una de las formas más potentes que conocemos para remodelar nuestro cerebro es empezar a hablarnos usando mensajes que transmitan apoyo y confianza en nosotros mismos y en aquellas personas que están a nuestro alrededor.

Desarrollar su propia misión

Espero que estos datos que le he transmitido le hagan al menos plantearse que una misión como mensaje escrito basado en el poder del lenguaje tiene la capacidad de actuar sobre la esfera inconsciente del ser humano y servir de entrenamiento para remodelar nuestros cerebros a fin de que se conviertan en herramientas más potentes para desterrar de nuestras vidas lo que no queramos y atraer lo que nos importe.

Nuestra misión nos ayuda a tener siempre presente lo que es importante. Las conclusiones de diversos estudios realizados para ver cómo emplean el tiempo los directivos de una serie de organizaciones han arrojado, en ese sentido, resultados realmente sorprendentes: se ha comprobado que un gran porcentaje de los directivos pasan la mayor parte de su tiempo resolviendo asuntos importantes y urgentes, y asuntos nada importantes pero también urgentes; sin embargo, sólo dedican una mínima parte de su tiempo a asuntos importantes pero no urgentes, tales como visionar el futuro o buscar nuevas vías de crecimiento e innovación. Todo esto no sucede cuando tenemos una misión que nos señala la manera más eficiente de usar el tiempo y nos ayuda a priorizar.

La misión es el núcleo y la esencia de los valores que orgullosamente defendemos y, por lo tanto, es algo que no se modifica con el tiempo. Nuestra personalidad puede evolucionar porque todo cambia, pero nuestros valores no son flexibles. Piense lo que pasa con una sociedad que en aras de la modernidad flexibiliza hasta sus valores más profundos. La misión, los valores con los que uno cree firmemente que ha de vivir no son negociables, como tampoco lo es el juramento hipocrático de un médico o la Declaración de Independencia de los Estados Unidos de América, cuyos firmantes pusieron en riesgo su propia vida.

Cuestionario 5

En esta sección le propongo unas preguntas para que busque un lugar cómodo y deje que penetren en usted y le ayuden a reflexionar sobre los valores que para usted son importantes.

20. ¿Qué define para mí el éxito?
21. ¿En qué tipo de persona me tendría que convertir para que mi sueño se hiciera realidad?
22. ¿Cuáles son las virtudes que más valoro en otras personas?

23. ¿Cuáles son los valores que más respeto?
24. ¿Qué es lo más importante que debería estar haciendo en este momento?
25. ¿Qué legado me gustaría dejar a mis seres queridos cuando me fuera de este mundo?
26. ¿Qué aportación mía a los demás me gustaría que sirviera para que me recordaran?

Cuando vaya contestando a estas preguntas, le sorprenderá descubrir el nivel de hondura al que habrá llegado. Incluso es fácil que note sensaciones físicas y emocionales que le revelen los valores que quiere tener más presentes en su vida. Que no le preocupen las dificultades aparentes que va a tener para vivir estos valores porque se pondrán en movimiento fuerzas en su interior que ni siquiera sabe que existen. Acuérdese de que la vida de los líderes no es una vida confortable: sencillamente es una vida llena de abundancia y sentido.

La misión aleja nuestras dudas sobre si algo es posible o no porque nos hace pensar, sentir y actuar como si ese algo fuera posible.

VI

El arte de reinventarse: su mentalidad propulsora

Los pasos anteriores, si bien son imprescindibles para avanzar en el proceso del liderazgo, no son en absoluto suficientes. Necesitamos, además, ir descubriendo y comprendiendo los factores individuales y colectivos que favorecen o impiden que una visión y una misión cuajen en un proyecto de desarrollo personal y en una serie de nuevos comportamientos acordes con lo que se quiere lograr.

Una analogía entre lo que le puede pasar a nuestra visión y nuestra misión y lo que le ocurre a una semilla plantada en el campo, nos ayudará a entenderlo: para que de la semilla surja primero una pequeña planta y después un gran árbol debemos considerar una serie de factores que tienen que ver con la calidad del suelo, con la climatología y con agentes diversos (como son las plagas y las malas hierbas); de forma similar, nuestra visión y nuestra misión van a crecer y desarrollarse en un contexto en el que intervendrán factores externos que favorecerán o entorpecerán el desarrollo de todo su potencial, a veces de manera muy sutil y otras de forma muy clara.

Cuando alguien quiere hacer las cosas de manera diferente a como se han hecho siempre, suelen ponerse en marcha muchas resistencias, aunque el modo tradicional de hacer las cosas sea muy mejorable. Hay algunas personas que creen que son ellas las únicas a las que se les paga por pensar.

Para hacer frente a esas resistencias que van a aparecer en cualquier proceso de liderazgo es esencial entrenarse para desarrollar una forma especial de mentalidad capaz de hacer realidad lo que parecía imposible. Al igual que un atleta debe desarrollar al máximo su capacidad de concentración y debe acostumbrarse a aguantar la presión de la competición, nosotros tenemos que entrenarnos para soportar la presión que genera esta sociedad tan poco previsible y en gran medida tan carente de valores. Hablar de liderazgo y de trabajo en equipo está de moda y, sin embargo, ¡qué pocas personas se atreven hoy en día a ejercer un verdadero liderazgo...! Es mucho más cómodo y aparentemente mucho más seguro ejercer en la sombra el papel de víctima.

En las páginas que siguen vamos a ir recorriendo, una a una, las facetas que precisamos desarrollar de manera especial para ir avanzando en el proceso de crear transformaciones extraordinarias.

Cuando surgen problemas y dificultades importantes es muy frecuente que las personas experimentemos reacciones de miedo, cólera, angustia o frustración en diferentes grados e intensidades. Hemos visto en capítulos anteriores que cuando este tipo de emociones son intensas y duraderas pueden bloquear nuestra inteligencia y nuestra imaginación y pueden convertir esos problemas y dificultades en algo totalmente irresoluble para nosotros. Mientras no nos demos cuenta de que hay una serie de elementos que actúan sobre el inconsciente y dan lugar a este tipo de emociones negativas, no podremos hacer nada para contrarrestarlas.

Entre estos elementos figura, por ejemplo, una idea muy arraigada en nuestra cultura: la necesidad de lograr la perfección. De alguna manera se ha grabado en nuestros cerebros que este es el estándar a alcanzar. Esta idea puede ser demoledora, pues todos cometemos equivocaciones en los procesos de aprendizaje y la perfección es un estándar inalcanzable. Si creemos que no nos podemos equivocar porque tenemos que ser perfectos, entonces nos dará miedo intentar algo nuevo, y si lo intentamos estaremos llenos de ansiedad. Si tenemos éxito en nuestra actuación, entonces posiblemente nos sentiremos bien. Si fracasamos, nos sentiremos mal y hasta con frecuencia cargados de sentido de vergüenza y culpabilidad, con lo cual, cuando tengamos que volver a hacer frente a un desafío similar, estaremos amedrentados y sin confianza, y nuestras posibilidades de éxito se reducirán notablemente.

Todos podemos ser estupendos sin necesidad de ser perfectos. Los bebés aprenden a andar porque su estándar no es la perfección. Todos podemos aprender de nuestros fallos, hacer las correcciones necesarias e intentarlo de nuevo. Recordemos que el hombre que no cae es fuerte, pero más fuerte es el hombre que cae y se levanta.

Me gustaría contarle una preciosa historia que un día oí sobre alguien que no es perfecto y se equivoca, pero que como a pesar de no ser perfecto es extraordinario, cada vez que se cae vuelve a levantarse.

La carrera de un campeón

Todos los chicos estaban impacientes en la línea de salida. Cada uno de ellos albergaba la ilusión de ganar la carrera o al menos quedar en segundo lugar. Los padres, a ambos lados del camino, mandaban palabras estimulantes a sus hijos para animarles a que fueran los campeones. En realidad, aunque los chicos no eran plenamente conscientes de ello, había un premio mayor que ganar la propia carrera: el deseo de que sus padres se sintieran muy orgullosos de ellos.

En el momento en el que un estridente silbato dio la señal de comienzo, los chicos empezaron a correr con todas sus fuerzas. En cada uno de ellos, el corazón latía con rapidez. Eran corazones llenos de ilusión, de energía y de confianza. Cada corazón intuía que podía ganar. Uno de los chicos que iban en cabeza, en un pequeño desnivel, perdió el paso y cayó de bruces al suelo. Algunos espectadores soltaron una carcajada. Un sentimiento de vergüenza le invadió de forma tal que deseó desaparecer, que la tierra se lo tragara. Pero en ese momento oyó con claridad una voz que le decía: ¡levántate y gana la carrera! Se puso en pie y de nuevo empezó a correr con todas sus fuerzas. Poco a poco alcanzó a algunos de los corredores que iban en la cola, pero al llegar a una curva, perdió el equilibrio y se estampó contra unos espectadores. Levantándose como pudo, pidiendo perdón y despreciándose a sí mismo se preguntó con lágrimas en los ojos por qué no había abandonado la primera vez. Pero de nuevo oyó la misma voz: ¡sigue corriendo! Apenas veía al último corredor, pero a pesar de todo.se esforzó al máximo por recuperar el tiempo perdido.

—Tengo que alcanzarles, tengo que alcanzarles —se repetía sin parar.

Tan obsesionado estaba dando vueltas a sus propios pensamientos que no vio el charco que había en el camino, resbaló y volvió a caerse al suelo. Desolado y sin voluntad para seguir, el joven se quedó sentado sollozando amargamente.

—He perdido la carrera y he hecho el ridículo más espantoso. Todo es inútil. Jamás volveré a participar en ninguna carrera.

—¡Levántate y sigue corriendo! —dijo de nuevo aquella voz—. Ganar no consiste en ser el primero en la carrera, sino en volverse a levantar.

De nuevo el joven se levantó y una vez más, sacando fuerzas de donde no las había, echó a correr. Apenas sentía ya sus magulladuras y sus penas. Para él ahora la carrera tenía un nuevo sentido: triunfar ya no dependía de ganar la carrera sino de mantener un compromiso, el compromiso de que, ganara o perdiera, no abandonaría.

Tres veces más se cayó y tres veces más se levantó. Y cada vez que se levantaba corría como si pudiera realmente ganar aquella carrera. Sus adversarios no eran ya los otros chicos, sino sus propias dudas.

A la línea de meta llegó el vencedor entre grandes aplausos. Cabeza en alto, orgulloso, sin ninguna caída que lamentar. Pero cuando el joven que se había caído tantas veces cruzó la línea de meta, la multitud puesta en pie le dio a él la mayor de las ovaciones por haber sido capaz de acabar la carrera. Para los presentes aquel chico había sido el verdadero ganador porque él había participado en la carrera más difícil, la que se corre contra la soledad y la desesperación.

El joven se acercó a sus padres y les dijo:

—Lo siento, no lo he hecho nada bien.

—Te equivocas hijo, es imposible que unos padres puedan sentirse más orgullosos de un hijo. Para nosotros tú has ganado porque te has levantado todas las veces que has caído.

Soy de la opinión de que el triunfo en la vida depende un 20 % del talento que se tenga y un 80 % del corazón que se ponga en lo que se hace. Sabemos que cuando la mente tiene una buena razón siempre acaba encontrando un camino. Cuando ante la dificultad mantenemos la confianza en nosotros mismos y nos apoyamos en nuestro mejor amigo (nosotros), el sistema límbico (nuestro cerebro emocional) es capaz de acelerar la velocidad de nuestro pensamiento, incrementar nuestra agudeza mental y nuestra energía. La dopamina, una hormona que se segrega en estas circunstancias, no sólo evita que nos distraigamos con datos irrelevantes, sino que además nos ayuda a captar más detalles de esa situación en la que nos encontramos. El cerebro al recibir mucha más información de lo normal, experimenta un cambio en la percepción del tiempo que hace que todo transcurra como a cámara lenta. Este curioso fenómeno hace que dispongamos de más tiempo para tomar mejores decisiones.

Cuando no confiamos en nosotros mismos, nuestros intentos son tímidos y con escasa resolución. Existe una falta clara de determinación frente a los obstáculos y una sensibilidad excesiva frente a los fracasos. Eso hace que nuestra sangre se llene de corticoides, también denominadas «hormonas del miedo» porque nos hacen experimentar corporalmente y con intensidad dicha emoción.

Además, todos tenemos incorporada esa vocecita interior que cuando habla (y cometemos la torpeza de escucharla) merma aún más nuestra confianza al recordarnos lo que tendríamos que haber hecho y no hicimos, lo que tendríamos que haber obtenido y no obtuvimos, y lo que tendríamos que haber sido y no fuimos. Necesitamos focalizar nuestra atención no en lo que dicha vocecilla nos señala sino en los aspectos que a nosotros nos interesan, aunque para ello tengamos que aprender, como los grandes atletas, a disciplinar nuestra atención.

Para aumentar la confianza en nosotros mismos tenemos que comprender y repetirnos una y otra vez que la autoconfianza no es sólo el resultado de tener éxitos en la vida, sino también la consecuencia de:
— tomar decisiones y equivocarse,
— arriesgarse y perder,
— enfrentarse a un desafío y no resolverlo,
— ser vulnerable y sufrir,
— intentarlo y no lograrlo,
— probar algo diferente y ser criticado,
— dar la propia opinión y no gustar,
— ilusionarse y no ver cumplidas las ilusiones,
— responsabilizarse y no recibir más por ello.

Y a pesar de todo, comprender que hemos triunfado porque:
— hemos tenido el coraje de salir de nuestra zona de confort, donde tal vez exista una alucinación de seguridad pero desde luego no hay crecimiento;

— estamos más cerca del éxito porque se ha reducido el abanico de cosas que no funcionan. Nos encontramos ante posibilidades nuevas e insospechadas que sólo se manifiestan cuando otras puertas se cierran.

Todos podemos aprender a recordar que lo que en realidad es importante no es lo que nos sucede, sino el sentido que damos a lo que nos sucede y la forma en la que elegimos nuestra respuesta frente a eso que nos sucede. Las estadísticas demuestran que ante un fracaso, el 80 % de las personas no lo vuelven a intentar, y ante un segundo fracaso, el 98 % ya deja de intentarlo. Un líder es capaz de trascender el significado superficial de algo que no ha funcionado, probar nuevos abordajes y descubrir así nuevas posibilidades.

Cuando se sienta fracasado, no preste la menor atención a esas emociones negativas que le hacen sentir como si fuera un fracasado, aprenda a aceptarlas de la misma manera que acepta la lluvia cuando llueve. ¿Verdad que si se lo propone, a pesar de que llueva y haga frío, no tiene por qué tener un mal día? Tenemos que ser capaces de seguir confiando en nosotros mismos a pesar de sentir esas emociones negativas, y de ponernos de nuevo en marcha con más energía y entusiasmo.

Uno puede crear un día de cualquier tamaño y regular el amanecer y el ocaso de su propio sol y el brillo de su resplandor.

JOHN MUIR

Cuestionario 6

27. ¿Qué otro sentido puede darle a su experiencia?
28. ¿Qué es lo verdaderamente importante de su experiencia?

29. ¿Bajo qué otra perspectiva puede intentar mirarla?
30. ¿Qué competencias le permite o le ha facilitado desarrollar?
31. ¿Qué pasaría si a pesar de todo lo siguiera intentando?
32. ¿De qué manera pensaría, hablaría y actuaría si siguiera confiando en usted y en su propósito?
33. ¿Qué le impide hacerlo?

VII

Los atributos de un líder

La autoridad: la integridad natural

Todos sabemos que las personas que son capaces de inspirar a los demás para que expresen lo mejor que hay en su interior no tienen por qué tener dinero o cargos importantes. Lo que les hace capaces de influir en los demás no es su poder sino su autoridad. El poder nos lo da el cargo y la capacidad de castigar o premiar a las personas que nos rodean. La autoridad nos la dan las personas.

El poder ejerce en los demás un efecto muy diferente al que ejerce la autoridad, porque quien ejerce el poder con fuerza suele buscar vasallos, seguidores que cumplan exactamente lo que él quiere que cumplan. Las personas que tienen autoridad quieren que surjan líderes, porque anhelan que salga lo mejor que hay en los demás, y eso ocurre cuando las personas emprenden por sí mismas el proceso que las va a transformar en líderes. En la vida no todo es blanco o negro, y así hay personas que han llegado a tener y tienen no sólo un gran poder, sino también una gran autoridad entre su gente. Algunas de estas personas a veces han usado su extraordinaria capacidad de influir en los demás para generar abundancia y libertad en sus vidas. Otras, por el contrario, han generado escasez y esclavitud.

La credibilidad es la base de su autoridad y hay que ganársela a pulso porque los demás siempre están poniendo a prueba la seriedad de nuestras intenciones y conductas. Para ganar autoridad ante los demás tenemos que ganarnos, de alguna manera, su valoración e incluso su admiración, no porque seamos en sí personas de distinta naturaleza que ellos, sino porque nuestras conductas expresan valores que son admirables para ellos, valores como la amistad y el compromiso, como la autenticidad y la integridad, como el coraje y la madurez, como el sentido de la justicia y la generosidad, como la humildad y la firmeza.

En ningún lugar he visto tan claramente reflejados esos valores como en el texto de Rudyard Kipling titulado *If*. Para mí, esas palabras reflejan las virtudes de los hombres y mujeres que ejercen un liderazgo verdaderamente inspirador. Es una bella expresión escrita que puede recordarnos hacia dónde podemos mirar en nuestro camino de desarrollo y crecimiento como líderes.

Si puedes ver deshecha la obra de tu vida y perder en un instante cuanto ganaste y más, y ahogando hasta el suspiro del alma dolorida, y sin lamentaciones volverla a comenzar; si sabes siendo amante, no enloquecer de amor; y odiado, a los que te odian consigues tú no odiar, y, puedes, sin odiarlos, defenderte y luchar; si soportar consigues que todas tus acciones, aunque torcidas sean por la envidia y el mal, y aun viendo a la mentira ganar los corazones, te abroquelas el alma y no mientes jamás; si aciertas a ser digno sin dejar de ser llano y a hablar con monarcas sin sentir vanidad; si en silencio meditas, observas y comprendes sin acabar escéptico o quizá destructor; si sueñas y tus sueños a conducir aprendes sin que la fantasía nuble tu razón; si pensando consigues evitar el peligro de convertirte en frío pensador; si consigues ser duro sin encolerizarte, y atrevido y valiente, más temerario no; si aciertas a ser bueno y ser prudente sabes, sin ser un moralista ni un pedante sin fe; si derrotado luchas y vencedor acabas, convirtiendo en victoria lo que derrota fue, y ambas cosas acoges, sabiendo que son falsas, con la misma sonrisa y con igual desdén; si levantada puedes mantener la cabeza cuando a tu lado todos la sintieron perder, los Dioses y los Reyes, la Suerte y la Victoria habrás para siempre rendido, y valdrás más que valen el Poder y la Gloria porque serás un hombre... ¡hijo mío!

A través de estas palabras queda muy claro que un líder inspirador ha llegado a alcanzar un grado de autodominio muy difícil de encontrar en la mayoría de los seres humanos. Por eso se trata de un ser humano excepcional. Él o ella son capaces de ser duros y firmes sin necesidad de atacar a otras personas usando un tono duro y distante. Por la misma razón, son valientes pero no temerarios y cuando caen, siempre se levantan dispuestos de nuevo a la acción.

Precisamente por ello, es en las circunstancias más complejas cuando el verdadero líder se gana la autoridad ante los demás; su conducta excepcional en tales circunstancias revela de forma sumamente clara que:

— Él o ella no se preocupan sólo por sí mismos, sino también por los demás. Se preocupan y se ocupan de la suerte de todos, de sus necesidades personales, su bienestar y su futuro porque no los consideran simplemente un medio para conseguir resultados.

— Él o ella son capaces de remangarse y de ponerse a trabajar para sacar las cosas adelante sin permanecer al margen amparándose en la posesión de un cargo superior que permite ver las cosas desde la barrera. Esta sensación de cercanía del líder a su gente acrecienta su autoridad porque crea un espíritu de igualdad y solidaridad.

— Él o ella tienen el coraje de tomar la iniciativa y por eso aunque algunas de sus decisiones sean necesarias, pero impopulares, actúan con resolución para llevarlas hasta el final. Como su comunicación es transparente y auténtica, presentan la situación real sin disfrazarla o disimularla.

— Él o ella quieren que aparezcan nuevos líderes que tomen el sueño, el proyecto como algo suyo y que contribuyan con lo mejor que tengan a hacerlo realidad. Esto no es fácil cuando alguien es el padre de una idea revolucionaria o al menos transformadora, pero es lo que permite que la idea, el proyecto, el sueño se convierta en todo lo que puede llegar a ser.

— Él o ella apelan a lo mejor que tiene otra persona sin dejarse distraer por las apariencias; por eso tratan a las personas con respeto y reconocimiento, a pesar de sus peculiaridades o de sus diferencias de opinión. Cuando una persona se siente aceptada por lo que es y por lo que no es, esa persona se siente llamada a colaborar y a abrirse a las nuevas posibilidades que la otra persona está despertando en su interior. Aprender a ver lo que las personas poseemos, pero que generalmente no expresamos, y saber apelar a ello no es fácil; es un verdadero ejercicio de liderazgo porque implica dejar de juzgar y empezar a explorar, dejar de reaccionar de acuerdo con lo que parece ser y empezar a actuar de acuerdo con lo que puede ser. El gran Goethe decía: «Trata a una persona como parece que es y seguirá siendo como siempre ha sido. Trata a una persona como puede llegar a ser y se convertirá en quien realmente es».

Un verdadero líder mueve a las personas no por lo que dice, sino por lo que es, y su autoridad surge de su ser. Nadie puede dar de lo que no tiene. Por eso, el camino del liderazgo es ante todo un camino de autodescubrimiento para comprender que nadie puede crecer si no ayuda a los demás a crecer.

El proceso de transformación:
—*Maestro, ¿qué es el hombre?*
—*El hombre no es ni lo que él cree que es ni lo que los demás creen que es.*
—*Pero maestro, ¿qué pasaría si un día el hombre se diera cuenta de que no es lo que siempre ha creído que era y que tampoco es lo que han creído los demás?*
—*Que el gusano comenzaría su transformación en mariposa.*

CUENTO ZEN

El compromiso: la fortaleza que nos ayuda a no desfallecer

Suele utilizarse la analogía de que en un plato de huevos fritos con bacón «la gallina está implicada y el cerdo comprometido». El cerdo se «deja la piel». El compromiso en mantenernos firmes en nuestra lucha por algo es clave si queremos que nuestra mente esté centrada.

Ya en la China antigua, desde la época del Emperador Amarillo, siglos antes de Cristo, se hablaba de la gran dificultad que existía para dominar una mente como la nuestra, que se distrae con tanta facilidad y queda como hipnotizada en su propia maraña de dudas y preocupaciones. A esta mente dispersa los chinos la llamaban «la mente del mono». Muchas de las metodologías que hemos heredado de la filosofía india, china y japonesa se basan en sistemas de entrenamiento para focalizar la mente en un asunto determinado, impidiendo que nuestra atención vague de un lugar a otro. Si cierra los ojos e intenta relajarse verá que no es nada fácil y que un montón de pensamientos comienzan a asaltarle, trayéndole recuerdos del ayer o preocupaciones del mañana. El precio que pagamos por esa tendencia de nuestra mente a dispersarse en mil asuntos del ayer y del mañana y no enfocarse en el hoy es altísimo. Por una parte, una gran cantidad de energía es secuestrada en esa cacofonía de pensamientos y emociones, y por otro, el hecho de que la atención se vaya al pasado o al futuro y se desvíe del presente hace que las personas perdamos mucha perspectiva y agudeza sensorial para darnos cuenta de lo que sucede. Esto, combinado con la pérdida de energía, hace que nuestras acciones sean mucho menos efectivas de lo que podían ser.

Ya hablamos en secciones anteriores de la importancia de mantener nuestra atención concentrada si queremos mejorar los resultados que obtenemos en la vida. En este sentido, el compromiso es esencial, pues genera en nosotros una supremacía mental que nos da la fortaleza para aguantar, que surge de estar dispuestos a pagar el precio que sea necesario para mantenernos firmes y fieles a unos principios y unos valores.

El estado de ánimo y la disposición de entrega de una persona comprometida son opuestos a los de la persona que adopta el papel de víctima y ve cómo las dudas disipan su energía y el miedo frena su combatividad. Cuando una persona está comprometida en defender una causa o una idea, moviliza sus energías más profundas y genera en sí misma una capacidad de autosuperación realmente notable. Sus palabras, sus gestos y sus actuaciones muestran una resolución inquebrantable. La persona comprometida puede ser vencida pero nunca anulada, porque se levanta una y otra vez dispuesta a hacer frente con absoluta determinación a las dificultades y los contratiempos. El verdadero camino del triunfo no consiste tanto en tener éxitos como en el hecho de que no nos afecten esas dificultades y contratiempos.

Ann Sullivan o la fuerza del compromiso

Me gustaría contarle la historia de Helen Keller y Ann Sullivan, un caso real de enorme interés que demuestra hasta qué punto un compromiso firme e inquebrantable puede crear posibilidades insospechadas.

El 27 de junio de 1880 nació en Tuscumbia, Alabama, una niña. A los 19 meses de edad la niña contrajo una extraña enfermedad que probablemente era una forma muy severa de encefalitis. La pequeña Helen estuvo a punto de morir pero acabó recuperándose, aunque la enfermedad había atacado con tal agresividad partes de su sistema nervioso que la dejó ciega, sorda y muda. Sus padres intentaron que aprendiera a usar con el tacto el lenguaje de los signos, pero Helen era una niña muy rebelde que hacía inviable por completo cualquier intento de educarla. Creció como un ser solitario e independiente, incapaz de aprender ninguna norma de convivencia. Los padres de Helen la adoraban, pero no estaban realmente comprometidos en abrir su mente, y después de múltiples intentos abandonaron. Fue entonces cuando el famoso inventor Alexander Graham Bell que era amigo de la familia les sugirió que contactaran con el Instituto Perkins para ciegos de la ciudad de Boston. El padre no quería intentar nada nuevo porque tantos obstáculos y contratiempos le habían llenado de desesperanza y frustración. La madre aceptó y el Instituto Perkins mandó a una institutriz llamada Ann Sullivan. Esta mujer se comprometió de tal manera en despertar la mente dormida de Helen que consiguió incluso, después de múltiples enfrentamientos con la familia y con más de una agresión por parte de Helen, que la niña aprendiera el significado del lenguaje y naciera en su interior la capacidad de relacionarse con el mundo que la rodeaba de una manera nueva y sorprendente.

En 1904, Helen Keller se graduó con honores por el Radcliffe College. Este centro pertenece a la Universidad de Harvard y lo que Helen Keller consiguió fue un hecho sin precedentes no para alguien sordomudo y ciego, sino para cualquier mujer de su época.

Valores y compromiso

En nuestra vida hay un núcleo de valores que no puede ser alterado porque si lo es, todo nuestro ser se deforma y debilita y quedamos a merced de corrientes de opinión que nos hacen ir a la deriva. Para mantenernos firmes siempre tenemos que pagar un precio, y ese precio puede consistir en que no seamos aceptados, que se nos ataque, que se nos tome por insensatos o que sencillamente no se nos comprenda.

Cuando en 1994 James Collins y Jerry Porras publicaron el resultado de la investigación que durante seis años habían dirigido desde la Universidad de Stanford y en la que habían estudiado los motivos por los que 18 compañías punteras (como, por ejemplo, 3M, Hewlett-Packard o Walt Disney) se mantenían por encima de otras compañías muy prestigiosas de su sector, llegaron a la conclusión de que las compañías excepcionales tenían un núcleo de valores tan sólido que aunque se produjeran múltiples cambios en la empresa o en el entorno, esos valores no cambiaban. Todos en la empresa conocían esos valores y estaban comprometidos, fuera cual fuera el precio que hubiera que pagar para mantenerlos.

Cuando alguien está de verdad comprometido, la razón de su compromiso le hace siempre mantenerse enfocado en aquello que es prioritario porque es importante. Las dificultades que surgen en el camino no se consideran muros infranqueables, sino oportunidades para poner a prueba precisamente eso: la autenticidad y la fuerza de dicho compromiso. Cuando nos enfrentamos con coraje a la dificultad, aparecen fuerzas, recursos y oportunidades que previamente estaban ocultos. Cuando uno siente la fuerza de su compromiso, no le angustia lo que otros le pueden quitar por ser coherente con aquello que ha elegido.

Si queremos llevar las riendas de nuestra vida, necesitamos responsabilizarnos de ella. El crecimiento es el proceso de ir continuamente más allá. Este proceso de avanzar con audacia y valor despliega en nosotros la capacidad de fluir en un mundo donde también puede existir alegría en el hecho de vivir arriesgadamente.

Hace muchos años, un general romano que tenía que enfrentarse a un ejército mucho más numeroso, viendo el temor que dominaba a sus tropas, reunió a sus hombres ante un gran acantilado. Desde arriba, les mostró los barcos en los que habían llegado a aquel país: estaban ardiendo. El general, que era quien había ordenado quemar las naves, dirigiéndose a sus tropas les dijo: «Para nosotros no hay retirada posible. O ganamos o perecemos». Viendo que no había retirada posible, los soldados se lanzaron con determinación a la batalla y la ganaron.

No nos da miedo emprender ciertas cosas porque sean difíciles. Son difíciles porque nos da miedo emprenderlas.

SÉNECA

Cuestionario 7

34. ¿Está dispuesto a subordinar sus sentimientos a aquellos valores que para usted son esenciales?
35. ¿Está dispuesto a pagar el precio de su elección?
36. ¿Qué oportunidades para usted y para su vida se pueden abrir con dicha elección?
37. ¿Escoge la mediocridad cuando podría escoger la excelencia?
38. ¿Es consciente del precio que ha pagado, está pagando y va a pagar cuando no defiende con todas sus fuerzas y su corazón los valores con los que se ha comprometido a vivir?
39. ¿Es consciente de que cuando lance su corazón, sus talentos le seguirán?

La motivación: el motor de una gran actuación

La motivación es lo que nos mueve a actuar en una dirección determinada a fin de obtener un resultado. Detrás de todas nuestras conductas hay siempre una motivación que con frecuencia ni siquiera nosotros conocemos. De hecho, la mayor parte de nuestras motivaciones son completamente inconscientes y, a menudo, opuestas a nuestras motivaciones conscientes. Imagínese que yo fuera una persona muy tímida a la que le costara mucho entablar una conversación con una mujer. Conscientemente yo podría pensar que mi problema no es que no esté motivado para emprender dicha conversación, sino que lo que me pasa es que mi timidez me abruma. Lo interesante es saber que la timidez no es nada más que uno de los mecanismos que pone en marcha la mente inconsciente para que lo que a ella le motiva (que no me relacione) triunfe sobre la motivación consciente de relacionarme.

Pienso que en la conciencia del ser humano es donde radica su posibilidad de actuar libremente y, sin embargo, hay que reconocer que los automatismos inconscientes de nuestra conducta juegan un papel principal, ya que tienen acceso a mecanismos tan importantes como la percepción. Retomemos el ejemplo anterior: si me decido y me dirijo a hablar con una mujer atractiva, y ella me lanza una sonrisa, yo puedo percibir su sonrisa de manera automática como una muestra de desagrado y en consecuencia desistir de mi intento o fracasar en él.

Este contrasentido entre lo que aparentemente quiero y lo que realmente busco es la consecuencia de la poca sintonía que muchas veces existe entre el mundo consciente de las ideas y el mundo inconsciente de las emociones. La motivación me impulsa a actuar en una u otra dirección porque anticipo que el resultado de mi actuación me va a generar una determinada emoción, un sentimiento. Si me siento mal, frustrado y culpable cuando una actuación mía no es perfecta, entonces no estaré motivado para volver a preparar y repetir la actuación. Ya sé que esto no resulta muy lógico y que en el fondo me impide aprender y mejorar, pero ¿quién dijo que el sistema límbico actuara en base a la lógica de nuestro sistema consciente?

Aprender a ser líder es aprender a ser más consciente de nuestras decisiones y a reflexionar sobre los motivos para tomarlas. Es desde una mente exploradora y no enjuiciadora desde donde uno descubre sus lagunas de autenticidad y puede transformarlas; es desde esa mente desde donde uno comprende que lo que aparentemente quiere es opuesto a lo que muchas veces hace para conseguir lo que quiere. Este espacio de libertad donde las elecciones conscientes en lugar de las reacciones inconscientes se convierten en el eje de una vida es el espacio que un líder trata de ampliar más y más.

Las bases fisiológicas de la motivación

Es muy importante que ahora ahondemos un poco en la raíz de la motivación inconsciente. Que la conozca no determina de manera automática que su inconsciente le vaya a ayudar para conseguir lo que anhela, pero sí me va a permitir explicarle tres metodologías que pueden hacer que ese «viento alocado» —algunas de nuestras motivaciones inconscientes— que nos impiden dirigir el «navío» hacia donde queremos, empiece a soplar más a nuestro favor. Si usted perteneciera al mundo oriental no necesitaría muchas explicaciones neurocientíficas, pero como lo más probable es que pertenezca, al igual que yo, a una cultura occidental que en general necesita conocer los fundamentos de algo para practicarlo, voy a darle algunas explicaciones que le ayudarán a entenderlo.

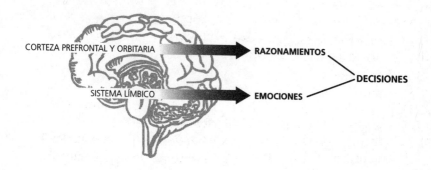

Hay motivaciones muy poderosas que se ponen en marcha de manera casi inmediata en nuestro organismo para garantizarnos la supervivencia. Son emociones que se desencadenan en el inconsciente y activan nuestras hormonas, nuestros músculos y nuestros órganos internos. Si, por ejemplo, un mono pequeño ve entrar una serpiente en su jaula, no sólo no se alterará, sino que es posible incluso que se ponga a jugar con ella. Por el contrario, si un mono pequeño está con su madre y entra una serpiente en la jaula, basta que el mono pequeño vea la cara de pánico de la madre para que la motivación de huir de la serpiente se establezca en ese momento y para siempre en el pequeño mono.

El hombre también tiene grabado en los núcleos amigdalinos del lóbulo temporal de su cerebro la motivación para huir de las serpientes o de cualquier cosa que se le parezca. Por esta razón los núcleos relacionados con el movimiento, como los núcleos caudados del cerebro, tienen una conexión tan íntima con los núcleos amigdalinos.

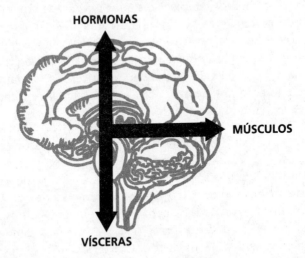

El ser humano también tiene núcleos que generan otro tipo de motivación cuya consecuencia emocional es la sensación de placer y bienestar y cuya conducta es la de acercamiento. Entre estos núcleos se encuentran los núcleos del septo, además de muchos otros centros como pueden ser los relacionados con la conducta sexual en el hipotálamo. Lo curioso y lo que para nosotros tiene más interés es saber que a través del impacto de la sociedad, de la educación y de las experiencias previas se puede ir produciendo, de manera inconsciente, un entrenamiento de nuestros centros de recompensa y de nuestros centros de dolor. De esta manera pueden generarse conductas de huida y de evitación que a veces resultan completamente incongruentes. Imagínese, por ejemplo, que yo tuviera la misma respuesta emocional de miedo y aversión ante un gato que la que tenía el hombre primitivo cuando se encontraba con un leopardo, hace dos millones de años, y simplemente porque de pequeño, a lo mejor, me arañó un gato y lo pasé mal. Ya sabe que basta que una persona tenga una mala experiencia previa para que lleve a cabo una generalización en su mente que le haga huir de cualquier circunstancia que le recuerde la experiencia de dolor sufrida. Esta tendencia de evitar el dolor es mucho más potente en el ser humano que la tendencia a buscar la recompensa, ya que los mecanismos de evitación del dolor son, ante todo, mecanismos de supervivencia.

Cuestionario 8. *La llave de la serenidad y el equilibrio*

En el «cuestionario» de este apartado en vez de proponerle preguntas para reflexionar, me gustaría compartir con usted tres sistemas que actúan poderosamente para generar una mayor sintonía entre nuestras motivaciones conscientes e inconscientes. Creo que el mundo del liderazgo exige actualizar habilidades y capacidades que nos permitan hacer frente a las dificultades que surjan en el camino. La práctica asidua de las metodologías que a continuación le expongo le permitirán ganar claridad, intuición, concentración, serenidad, perspectiva y energía, cualidades muy necesarias para ejercer un liderazgo efectivo.

Eso sí: va a necesitar paciencia y persistencia porque no es sencillo reeducar el inconsciente, pero imagínese a la velocidad a la que podría viajar en su «velero» si el «viento» soplara a su favor. Calcule que va a necesitar entre tres y seis meses para notar unos efectos marcados, si bien hay gente que los nota mucho antes.

Sistema 1: Su voz, su mejor amiga. Evite, por más que se sienta tentado a hacerlo, utilizar palabras destructivas contra sí mismo cuando sus acciones no sean las que le gustaría haber realizado. No es necesario usar palabras destructivas para justificar que uno tiene conciencia y moral. El efecto de ese lenguaje negativo sobre uno mismo es terrible, porque en lugar de favorecer en el futuro conductas más positivas y orientadas a lo que queremos lograr, actúa al contrario.

Sistema 2: Yo me observo, no me juzgo. Usted y yo somos mucho más que nuestras palabras, que nuestras emociones y que nuestras conductas, y sin embargo no nos lo creemos; por eso cuando uno comete una torpeza tiende a llamarse *torpe*, como si la conducta expresara la totalidad de lo que somos. Para poder resistir esta casi irresistible tendencia a atacar a la naturaleza del ser, tenemos que empezar a aceptar nuestras conductas, tanto las que nos gustan como las que no. Aceptar no quiere decir recibir con agrado, sino comprender su origen y su naturaleza. ¡Qué diferente es que tras cometer una torpeza, en lugar de llamarse *torpe*, acepte lo ocurrido, sabiendo que hay motivaciones ocultas que han interferido en su actuación para evitarle el dolor! No puede ni imaginar la cantidad de energía que se acumula en ese lenguaje absurdo y destructivo que conforma muchas veces nuestra conversación interior. Estos pensamientos actúan como parásitos, chupándonos una energía valiosísima. No permita que esto ocurra, pues anula las capacidades que la naturaleza puso en usted y las posibilidades a las que merece tener acceso.

Sistema 3: El silencio es el más bello de los sonidos. Todo lo que sabemos de esta metodología se lo debemos a los orientales, que han investigado durante mucho tiempo y en profundidad sistemas para recuperar la energía y el foco de atención que habitualmente están secuestrados por esa voz interior empeñada en enseñarnos el «sótano de nuestra casa» y no «la terraza» desde la que se divisa un hermoso mar. Estudios científicos de la Universidad de Harvard han demostrado el enorme beneficio que produce la práctica de la meditación. En unos estudios llevados a cabo en los hospitales Beth Israel y Joslin Deaconess de Boston, el doctor Herbert Benson ha demostrado que los pacientes que practican la meditación antes de ser sometidos a cirugía cardiaca padecen en el postoperatorio muchas menos alteraciones patológicas del ritmo cardiaco que los que no la practican.

La metodología es muy básica pero muy efectiva porque abre partes de nuestra mente que están cerradas hasta que se silencia «la mente del mono», esa voz interior ruidosa que todos llevamos dentro y de la que ya hemos hablado anteriormente. Siéntese o túmbese. Si se sienta, que sea con la espalda recta, las piernas descruzadas y los brazos apoyados en los muslos y no en los brazos de la silla. No puede tener nada en la boca como caramelos o chicles porque se puede atragantar, y tiene que apagar el móvil y dejar claro que no se le puede interrumpir.

1. Cierre los ojos y simplemente imagínese que se ve desde fuera, recorra lentamente la cara, el cuello, los hombros, los brazos, las manos, el tronco, los muslos, las rodillas y los pies. Hágalo despacio y vaya repitiendo mentalmente la palabra *relax, relax, relax...* a medida que va visualizando cada parte de su cuerpo. Aunque le parezca sorprendente, se ha demostrado que la simple visualización del cuerpo coordinada con la palabra *relax* produce realmente un estado de relajación.

2. Enfóquese en su abdomen e imagine que hay un globo de color blanco que cada vez que inspira se hincha y

cada vez que espira se deshincha. No se preocupe por su silueta porque de lo que se trata es de que hinche la tripa y la deshinche. Se ha podido demostrar que haciendo esto se reduce la frecuencia cardiaca, se regula la tensión arterial, se genera mayor oxigenación de la sangre con menor esfuerzo e incluso se consigue una mayor sincronía de los ritmos cerebrales entre la corteza cerebral y el sistema límbico, y entre los dos hemisferios del cerebro, el izquierdo más racional y el derecho más imaginativo e intuitivo.

3. Utilice un mantra (que no es nada más que una palabra o una frase que le inspira de forma intensa y positiva); al pronunciar el mantra en silencio (mentalmente) evita que la disonante voz interior acapare su atención mientras está entrando en este estado de meditación. Tenga en cuenta que la voz interior procede del hemisferio izquierdo del cerebro y que la meditación pone en marcha capacidades del lado derecho.

Como todo este proceso cambia sus ritmos cerebrales, le recomiendo que después de la meditación salga de ese estado de manera progresiva, moviendo poco a poco dedos de manos y pies, brazos y piernas, suavemente el cuello, que luego abra los ojos y que se estire a gusto. Una música suave y que carezca de letra (por ejemplo, la de Johann Sebastian Bach, si le gusta la clásica) es idónea para este ejercicio.

La responsabilidad: la continua elección

Nuestra responsabilidad es nuestra capacidad de dar respuesta a algo y es absolutamente imprescindible hacer uso de ella si queremos aumentar nuestro círculo de influencia, el que nos da mucho más poder para alterar y aprovechar positivamente las circunstancias que inicialmente podrían ser percibidas como desagradables e indeseables. No suele ser un proceso natural en nosotros hacer uso de esta capacidad, porque ello supone salir de nuestra zona de confort y esta zona, como sabemos, es muy difícil de traspasar.

Es fácil culpar a las circunstancias y a otras personas en nuestro pasado o en nuestro presente por no poder nosotros conseguir en la vida los resultados que quisiéramos obtener. Esto, aunque pueda parecernos en algunos casos sumamente razonable si tenemos en cuenta lo que han tenido que sufrir y sufren algunas personas, inevitablemente quita poder personal, ya que entonces (y muchas veces sin saberlo) estamos renunciando a llevar las riendas de nuestra vida. Necesitamos comprender que sean cuales sean las circunstancias que estemos experimentando o el pasado que arrastremos, se van a abrir continuamente en el futuro una serie de «ventanas de oportunidad» para que ejerzamos el liderazgo. Este tipo de ventanas no tienen nombre ni apellidos, y tampoco tienen un cargo asignado; están ahí para cualquier persona dispuesta a aprovecharlas y a desarrollar sus capacidades de liderazgo.

Cuando algo no funciona en una empresa, la mayoría de las personas pierden su tiempo y su energía buscando al o a los culpables, mientras sólo unos pocos se plantean qué es lo que ellos pueden hacer para mejorar la situación. ¡Qué duda cabe que siempre es más sencillo y menos arriesgado criticar a otras personas que dar un paso decidido hacia adelante para transformar aquello que pide a gritos ser transformado! Siempre es más fácil destruir que crear, desilusionar que entusiasmar, abandonarse que luchar, seguir que liderar, golpear que perdonar, y sin embargo, cada vez que una persona toma una decisión, cada vez que una persona hace una elección, está expresando el grado de libertad con el que se ha comprometido a vivir. Yo no estoy hablando de que no existan razones y mil justificaciones para explicar el pesimismo, la desilusión y la desesperanza en las que viven muchas personas. Sin embargo, todos tenemos la oportunidad de compartir con los demás nuestra sombra o nuestra luz. Podemos esperar sentados a que alguien se preocupe de nosotros, pero también podemos nosotros ocuparnos de los otros. Podemos aguardar a que alguien nos ilusione, pero también podemos buscar lo que a otros les ilusiona. Podemos avanzar con gesto pesado y caído como si lo único que esperáramos del día fuera que pasara, pero también podemos elegir tener un día estupendo. Podemos detenernos en lo malo que nos ocurra y no en lo bueno que nosotros podemos hacer. Podemos exigir a los demás que nos escuchen o podemos empezar a mirar a nuestro alrededor y descubrir a todas las personas que no piden que las escuchemos, sino tan sólo que las veamos. Las personas que han transformado las organizaciones no han dicho, sino que han hecho. Al poder de su comunicación verbal y no verbal se ha unido su comunicación vital, la que habla a través del ejemplo. Es posible que la palabra movilice, pero lo que es claro es que el ejemplo arrasa.

Son esta coherencia y esta consistencia las que dan las medidas del corazón, de un corazón que pone en marcha unos valores no porque sean razonables o estén respaldados por incontables justificaciones, sino porque ha decidido expresar su mejor yo, un yo que sólo se pone en evidencia frente a la dificultad, frente a los problemas y los desafíos. No es un corazón lógico, simplemente es un corazón valiente, generoso y comprometido.

Hellen Keller experimentó circunstancias muy negativas cuando a temprana edad se quedó ciega, sorda y muda, y sin embargo su ejemplo nos habla de la responsabilidad que ejerció en su vida y que sirvió de inspiración a tantas otras:

> *Sé que soy una, sólo una, no lo puedo hacer todo pero sí puedo hacer algo. Yo no renunciaré a hacer aquello que sí puedo hacer.*
>
> HELLEN KELLER

Naturalmente, dar este paso da miedo porque uno no conoce con precisión las consecuencias. Por eso sólo los líderes dan ese paso, pues su atención está enfocada en el resultado que quieren lograr y no en lo que pueden perder. Creo que es muy difícil ser líder si se es una persona muy razonable, ya que serán nuestras razones las que nos impidan dar ese paso adelante con decisión. Si estudia la vida de los líderes verá qué poco razonables fueron los pasos que dieron; por eso los resultados que lograron tampoco fueron ni razonables ni predecibles.

Dado que todos tenemos la necesidad de justificar nuestras conductas, qué mejor forma de hacerlo que privándonos de responsabilizarnos de lo que sucede. De esta manera, adoptando el papel de víctimas, nos sentimos completamente indefensos frente a lo que nos sucede, cuando en realidad nunca es así. Además de jugar el papel de víctima, necesitamos desviar la atención de nosotros mismos y enfocarla en otras personas. De esta manera, en lugar de ver lo que nosotros podríamos hacer, nuestra atención nos muestra sólo lo que otras personas deberían hacer y no hacen.

A veces nuestra justificación también se apoya en nuestra falta de confianza o de conocimientos. Creo que nos equivocamos cuando pensamos que lo que es verdaderamente importante en nuestra vida ha de ser dejado completamente en manos de los «que saben». Para nada hablo de desconfiar de las otras personas, sino de estar también dispuestos a responsabilizarnos y ser personas activas en cualquier proceso que nos afecte a nosotros o a lo que valoramos. Sirva como ejemplo lo que ocurre en el hospital M. D. Anderson, de Houston, donde se insta a los enfermos a que se unan a los equipos médicos en la lucha contra su enfermedad. El solo hecho de que un enfermo se vea no como el agente pasivo que tiene que soportar una enfermedad, sino como alguien activo que puede plantarle cara, tiene mucho impacto en la evolución de su enfermedad.

Tenga en cuenta que cada día está lleno de momentos en los que se abren oportunidades para ejercer nuestra responsabilidad, y es en esos momentos cuando podemos elegir actuar como los que se resignan a aceptar las cosas como están o como los que quieren transformarlas. ¿Qué es lo que nos hace tan difícil esta segunda elección? Yo diría que es nuestro miedo profundo a no gustar y a no ser aceptados. Es una lástima que perdamos estas ocasiones de ser más libres en nuestra actuación y expresar nuestro poder personal. Ya sé que nos arriesgamos a no gustar, pero al menos seremos respetados. Hay que tener muy presente que el liderazgo que queremos desarrollar, no es un liderazgo que condene a las personas por lo que no nos gusta de ellas, sino que lo que intenta es transformar las circunstancias negativas sin atacar, empequeñecer o desacreditar a la persona que las ha generado. Esta capacidad de poder separar lo que uno ha hecho o hace de lo que uno es, resulta fundamental. Un líder capaz de crear posibilidades de abundancia, no es una persona que ataque a otros seres humanos, porque aunque combata sus acciones y sus conductas, les acepta como personas.

Hemos de tener muy claro que cuando se produzca una oportunidad para ejercer nuestra responsabilidad no ocurrirá en las circunstancias ideales, porque esas circunstancias jamás se van a dar. Atreverse a aprovechar esa oportunidad en ese momento es la expresión de una persona que no se acopla a las circunstancias, sino que hace que las circunstancias de alguna manera, también se acoplen a ella.

Los líderes lo son porque no luchan por ser los primeros, sino porque son los primeros en luchar, y lo hacen cuando las circunstancias no son fáciles. Y es que, como decía James Allen, las circunstancias no hacen al hombre, simplemente lo revelan.

Cuestionario 9

40. ¿Se responsabiliza de su desarrollo personal o cree que son los otros los únicos responsables de ello?
41. ¿Estimula su imaginación para buscar alternativas, sortear obstáculos y resolver problemas, o simplemente señala al que tiene la culpa de que las cosas no sean como deberían de ser?
42. Cuando intenta algo nuevo, ¿lo hace de manera tí-

mida o se lanza con verdadera resolución, determinación y compromiso?

43. Ante un reto difícil, qué hace: ¿confía en su inteligencia y en su experiencia, y en base a eso actúa?; ¿busca información, estrategias y otros recursos que puedan serle útiles en su situación?; ¿pide ayuda?

44. ¿Qué siente cuando da una opinión y se da cuenta de que no ha gustado? ¿Qué piensa? ¿Qué hace?

45. ¿Cómo se siente cuando se responsabiliza más de lo que resulta cómodo y no recibe más por ello? ¿Qué significado da normalmente a esta experiencia? ¿Qué nuevo sentido podría darle?

Afrontar el riesgo: el coraje de ir más allá

Un hombre llamado Costumbre siempre iba a trabajar siguiendo el mismo camino. A veces se planteaba si no habría otros caminos interesantes y otras posibilidades que él pudiera encontrar. Cuando esos pensamientos pasaban por su cabeza, sentía una excitación inicial a la que pronto seguía un desagradable «nudo en el estómago». ¿Qué podría pasar si se encontraba con algún peligro o con alguna situación que no fuera capaz de resolver? Esta cuestión siempre acababa afianzándole en la decisión de no abandonar nunca el viejo camino.

Un día Costumbre se levantó, se vistió y emprendió su camino, pero aquel día estaba tan absorto en sus pensamientos, que sin darse cuenta se salió del camino. De pronto se vio en medio de un bosque y comprendió que se había perdido. Lleno de angustia y arrastrado por el pánico, Costumbre empezó a correr de un lado para otro, intentando salir de allí. De repente se dio cuenta de que en un claro del bosque a no mucha distancia de donde él estaba, había un anciano apoyado sobre el tronco de un árbol y que parecía estar profundamente dormido.

Costumbre se acercó e intentó despertarle para que le ayudara a encontrar su camino, pero por más que lo intentó, no consiguió que aquel hombre abriera los ojos. Acababa de darle la espalda cuando oyó con absoluta claridad:

—¡Coge lo que encuentres en tu camino!

Costumbre se giró rápidamente pero sólo vio al mismo anciano que permanecía profundamente dormido. Como empezaba a oscurecer, Costumbre se puso a andar sin saber en absoluto en qué dirección iba. Al fin, la noche cayó y en medio de una gran oscuridad Costumbre llegó a lo que parecía un río. Estaba a punto de cruzarlo cuando oyó de nuevo y con absoluta claridad:

—¡Coge lo que encuentres en el camino!

Costumbre se enfureció al no ver a nadie y se puso a gritar:

—¿Qué voy a coger en este lugar, donde sólo hay barro y piedras?

Sin embargo y por alguna razón desconocida, Costumbre se agachó y cogió a oscuras algunas de las piedras de la orilla y se las metió en el bolsillo. Agotado después de cruzar el río, Costumbre se tumbó en la blanca arena de la orilla para intentar descansar, pero durante toda la noche, aquellas piedras que había metido en su bolsillo, se le clavaban en la pierna y no le dejaban dormir. Al amanecer, Costumbre se levantó enfurecido, se metió la mano en el bolsillo, agarró aquellas piedras y cuando estaba a punto de arrojarlas, vio que salían rayos de luz de entre sus dedos. Al abrir su mano, descubrió que aquello que en la oscuridad de la noche había tomado como simples piedras, no eran sino raros y valiosos diamantes.

La zona de confort, el lugar y las situaciones que nos resultan familiares no nos facilitan en absoluto que salgamos de ellas. En cuanto ponemos un pie más allá, sentimos el miedo y la angustia ante lo desconocido. Estas incómodas sensaciones nos hacen ir de nuevo hacia atrás y preguntarnos por qué alguna vez nos atrevimos a salir.

No se pueden descubrir nuevos océanos si no se tiene el coraje de perder de vista la playa.

En una época de perpetuo e intenso cambio, mantenerse en la zona de confort no da opciones para crecer, aprender y evolucionar. Nos mantenemos en este lugar cómodo y familiar porque no somos capaces de entender lo que nos estamos perdiendo. Cuando comprendemos que nuestra zona de confort está basada en la manera en que hemos ido interpretando nuestras experiencias y que son estas interpretaciones y no la realidad las que nos dicen lo que podemos y lo que no podemos alcanzar, nos encontramos ante dos caminos que divergen. El primer camino sé cómo empieza y probablemente cómo termina. El segundo sé dónde empieza pero no sé ni dónde termina ni adónde me lleva. En ese momento de indecisión es cuando puedo entender algo fundamental: lo importante no es el destino, sino el propio camino. Cuando en mi camino hay ilusión y confianza es cuando soy yo el que, sin tan siquiera darme cuenta, labro mi propio destino.

Lo seguro y lo desconocido

El ejercicio del liderazgo está repleto de momentos en los que nos encontramos ante caminos que nos son desconocidos y de los que no sabemos qué podemos esperar. La diferencia es que la sensación de miedo no impide actuar al líder. Creo que no es muy inteligente basar nuestras actuaciones en nuestras emociones, porque dado que la mayor parte de nuestros miedos son aprendidos, si actuamos de acuerdo con ellos, nunca nos atreveremos a caminar por caminos desconocidos.

Un líder también tiene miedo, pero no permite que el miedo sea el que controle sus acciones y por eso avanza «en la oscuridad de la noche» sin saber qué esperar, pero con la mente suficientemente abierta como para aprovechar cualquier oportunidad y cualquier recurso que aparezca en el camino.

Por eso cuando sienta ese «nudo en el estómago» no lo viva como una amenaza, ya que las amenazas reales para nuestra vida son afortunadamente muy pequeñas; vívalo más bien como una gran oportunidad que la vida le ofrece para que entrene y desarrolle sus capacidades de liderazgo. Estas capacidades nunca se desarrollan como espectador, sino como protagonista.

—*Acercaos al precipicio.*
—*No, que nos estrellaremos.*
—*Acercaos al precipicio.*
—*No, que nos estrellaremos.*
Ellos se acercaron al precipicio, él los empujó y ellos...
¡volaron!

APOLLINAIRE

Cuestionario 10

46. ¿Se va a dar por vencido ante las situaciones difíciles o va a actuar sabiendo que la vida está poniendo a prueba su bravura?

47. ¿Puede soportar la derrota sin perder el coraje?

48. ¿Su relación con el mundo es la de una víctima o la de alguien capaz y dispuesto a dar una respuesta?
49. ¿Qué pasará la próxima vez que tenga miedo: sus palabras serán para usted fuente de fuerza y apoyo o le hundirán?
50. ¿Actúa en aspectos cruciales de su vida en base a lo que otros deciden por usted o en base a saber que es usted el responsable de su propio desarrollo?

Aceptar el desafío: la gran oportunidad para aprender, evolucionar y crecer

La diferencia entre un problema y un desafío radica, esencialmente, en la manera tan distinta en la que los percibimos. En efecto, un problema refleja un obstáculo que en el fondo no sabemos si vamos a poder o no superar. Un desafío es algo que nos obliga de alguna manera a «estirarnos» para alcanzar algo que merece la pena lograr. Como sabemos, las distinciones en el lenguaje son fundamentales porque son las que, entre otras cosas, controlan nuestro estado de ánimo. Hay ciertas palabras que, nos guste o no, quedan ancladas en nosotros y se asocian automáticamente a situaciones que queremos evitar. Es curioso que a pesar de que el cerebro humano tiene un mayor número de centros de placer que de dolor, las personas estamos generalmente más inclinadas a evitar el dolor que a buscar el placer, entendido este en el sentido de logro, de recompensa. Tal vez por eso —entre otras razones—, nos cueste a todos tanto salir de nuestra zona de confort.

Nuestra mente puede agrandar o empequeñecer cualquier cosa dependiendo del significado, de la interpretación, de la valoración que le demos. Por eso es muy importante que seamos bien conscientes del poder que tienen las palabras para configurar la realidad cognitiva y emocional que luego experimentamos.

Todos sabemos que no puede existir día sin noche ni luz sin oscuridad. Los orientales hablan del Yin y el Yang como de los dos principios opuestos pero complementarios que crean todo lo existente. Los seres humanos no queremos tener problemas porque hemos aprendido desde pequeños que un problema es algo que ha de ser evitado. Pero la vida no existe sin problemas porque estos son parte de ella. Los problemas vistos como desafíos no son sino las oportunidades que nos da la vida para crecer y desarrollarnos. Sólo de esta manera podemos evolucionar. La vida es como es y cuando nos resistimos a ella sufrimos de manera innecesaria.

Para aclarar esta idea me gustaría ponerle un ejemplo sencillo. Imagínese que hoy me he levantado con mal ánimo y precisamente hoy tengo que dar una conferencia muy importante para mí. Lo normal y lógico es que me disguste, me sienta incómodo y me resista a ese estado de ánimo tan contraproducente. Es entonces, paradójicamente, cuando más difícil me va a resultar alterarlo, ya que aquello que se resiste, persiste. Imagínese que hago algo distinto como pensar que menuda suerte tengo con tal estado de ánimo, pues es una oportunidad para actuar con fuerza a pesar de mis emociones y en base a mis elecciones. Sería como si eligiera sentirme cómodo con mi incomodidad. Un músculo sólo se desarrolla en estas condiciones. ¿Verdad que cuando vamos al gimnasio no nos enfadamos con las pesas y las intentamos arrojar lejos de allí? ¿Por qué, entonces, nos enfadamos por tener un pobre estado de ánimo y nos lo queremos quitar de en medio, cuando es precisamente ese estado de ánimo una magnífica «pesa» que la vida nos ofrece para desarrollar nuestra mente y nuestro espíritu?

Quiero que vea en esta analogía otra característica esencial del liderazgo: la manera en la que los líderes transforman los problemas y las circunstancias desagradables en campos de entrenamiento para desarrollar y afianzar sus capacidades.

Si no existe un desafío, tampoco puede existir un logro. ¿Tiene un problema? ¡Estupendo! También tiene la oportunidad de poner en evidencia quién es usted en realidad.

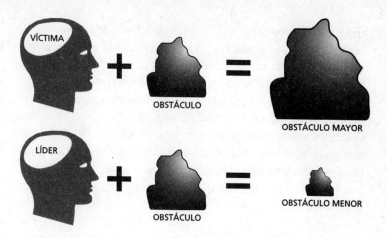

Cuestionario 11

51. ¿Ve una dificultad en cada oportunidad, o una oportunidad en cada dificultad?

52. ¿Cuáles son las ideas preconcebidas y las creencias que ha dado por cierto y que no le permiten progresar?

53. ¿Cuando actúa, lo hace con la confianza del que sabe que va a triunfar o con las dudas del que está preocupado en no perder?

54. ¿Son sus pensamientos y palabras los propios de alguien que cree que no puede influir en lo que le sucede o por el contrario son el reflejo de alguien que se considera el protagonista de su vida?

La imaginación: la llave del futuro

La imaginación es una potencia sorprendente de nuestra mente. Mediante esta singular potencia, el ser humano es capaz de inventar la realidad. Si nos ponemos a considerar por qué los seres humanos estamos donde estamos, reconoceremos rápidamente el papel que ha jugado la imaginación para generar ideas novedosas y buscar caminos para que dichas ideas cristalizaran en ese mundo que para nosotros es real por el hecho de que lo podemos percibir. Esta capacidad de inventar el futuro partiendo del presente es una potencia exclusivamente humana y de un alcance extraordinario.

Sin embargo, las personas, a medida que crecemos, adquirimos experiencias y vamos generando un pasado, nos vemos muy determinados por dichas experiencias y por dicho pasado. Todo ese conocimiento acumulado se convierte, con frecuencia, en un muro en vez de en una ventana que nos permita ver más allá. No parece, por lo tanto, sorprendente que el propio Einstein dijera que:

> *La imaginación es más importante que el conocimiento. El cambio significativo sólo puede ocurrir a través de la completa regeneración del poder que tienen las personas para imaginar. Uno ha de transformar los procesos de pensar y de percibir a fin de devolverle a la mente racional las facultades perdidas de intuir, imaginar y sentir.*

Albert Einstein consideraba que el pensamiento tradicional había tenido que ver muy poco en sus logros científicos. Por el contrario, daba una gran importancia a su capacidad de trabajar con imágenes en su mente y hacer sorprendentes combinaciones con ellas. Es conocido su relato de las observaciones que surgieron al imaginarse a sí mismo viajando en un rayo de luz.

La capacidad de imaginar está muy anclada a funciones del hemisferio derecho del cerebro, y de hecho hay casos en los que como consecuencia de hemorragias en dicho hemisferio, el enfermo ha seguido durmiendo pero ha perdido la capacidad de soñar. Las funciones del hemisferio derecho del cerebro son muy poco atendidas y entrenadas en los sistemas educativos de la mayoría de los países. Todos los estudios que conozco sobre creatividad hacen énfasis en que para poner en marcha la imaginación y la creatividad son necesarios tanto un trabajo sistemático y mantenido de estudio propio del hemisferio izquierdo como una actuación del hemisferio derecho, el único capaz de reunir fragmentos de información aparentemente inconexos y juntarlos con increíble originalidad para darles un innovador sentido.

El hemisferio derecho es la puerta de entrada al inconsciente y, por lo tanto, es esencial valorar este papel fundamental de nuestro mundo inconsciente en la creación de alternativas sorprendentes. Es conocido el caso del químico Kekulé, que llevaba mucho tiempo intentando descifrar la estructura del benceno sin resultado alguno. Una tarde, sentado en su sillón, cansado de leer, se estaba quedando dormido contemplando las chispas que salían del fuego de la chimenea cuando vio cómo algunas de estas chispas se convertían en una «serpiente de fuego» que se mordió la cola formando una estructura en forma de anillo. La mente del químico acababa de mostrarle la estructura cíclica del benceno.

La imaginación puede entrenarse y de hecho se entrena mediante la visualización. Cuando se hicieron estudios de tomografía de emisión de positrones a personas que estaban visualizando, se pudo comprobar que aunque el grado de actividad neuronal era menor, las áreas que se activaban eran las mismas que si la persona estuviera viendo en realidad esas imágenes.

La imaginación puede activarse también mediante preguntas tales como ¿qué cosa imposible si fuera posible me abriría una oportunidad en esta situación?, ¿cuál es el ingrediente que falta o que sobra para conseguir el resultado deseado? Las preguntas abiertas como estas, al carecer de una respuesta automática, favorecen la búsqueda por parte del inconsciente de una solución. De hecho, la vida de los inventores, líderes en sus respectivos campos científicos, ha sido una vida marcada tanto por su fascinación extraordinaria hacia un determinado campo de interés, como por una capacidad incesante de hacerse preguntas. Cuando Roy Plunkett de Dupon se preguntó por qué un tubo que había sido sometido a una reacción química pesaba más aunque parecía estar vacío, descubrió el teflón, que es transparente. Cuando Joseph Golstone, interesado en el cultivo de perlas, vio cómo morían muchas ostras al meterles la pequeña partícula alrededor de la cual generaban la perla y se planteó cómo evitar la infección, se le ocurrió utilizar los mismos sistemas de esterilización que usaban en los hospitales, con lo que disminuyó drásticamente la mortalidad de sus ostras.

Un líder necesita usar su imaginación porque, como también decía Einstein, «ningún problema importante puede ser resuelto en el mismo nivel de pensamiento en el que surgió». Por ello, para buscar alternativas y abrir nuevos caminos, hay que ser capaz de ver más allá de lo que resulta para todos visible.

El conocimiento se convierte rápidamente en parte del pasado, es algo que se almacena y se utiliza cuando se precisa. La imaginación es algo que nos lleva al futuro, a ese lugar donde las cosas que hoy no son, mañana pueden llegar a ser.

Cuestionario 12

55. ¿Considera la diversidad como una oportunidad?
56. ¿Mantiene continuamente una actitud de búsqueda para mejorar los procesos y los resultados, o se conforma con lo ya establecido?
57. ¿Pone en marcha su imaginación haciendo preguntas abiertas?
58. ¿Qué valora más: hacer bien lo que hace o descubrir aquello que es más valioso hacer?
59. ¿Presenta sus ideas de forma inusual mediante dibujos, analogías o metáforas?
60. ¿Es capaz de embarcarse en la producción masiva de ideas aparcando el juicio y la crítica hasta el final?

TERCERA PARTE

EL PROCESO DE ENTRENAMIENTO DE UN LÍDER

«Si vas a dudar de algo, duda de tus límites.»

DON WARD

El tiempo pasa a una velocidad inusitada y lo que ahora está delante, un instante después está detrás. En comparación con el pasado (tan cargado de experiencia) y el futuro (lleno siempre de promesas), el presente nos parece efímero, pero que no nos confunda su fugacidad, pues sólo en el presente, aquí y ahora, podemos aprovechar o transformar nuestro pasado para empezar a construir un gran futuro.

En las páginas que siguen le propongo un programa de entrenamiento para que vaya progresando en la adquisición de las habilidades precisas para inspirar e influir positivamente en el mundo en que vivimos. Como verá, este programa está construido con preguntas pensadas para abrir su percepción y liberar su imaginación, preguntas que le harán cuestionarse las cosas que da por supuestas, pondrán en marcha sus emociones y le permitirán descubrir nuevas posibilidades en usted y en las personas que le rodean.

Por ser, si usted me lo permite, su entrenador personal, utilizo además las preguntas para estimular su reflexión y hacer que alcance una nueva perspectiva que le permita conseguir los resultados que realmente desea. El atleta es usted y, por lo tanto, las preguntas le van a ayudar a descubrir lo que necesita encontrar dentro de usted y en las personas que le rodean.

Dar de ti menos de lo que en realidad eres es sacrificar el talento que realmente tienes.

STEVE PREFONTAINE

Lo que vamos a hacer ahora es entrar en una espiral de aprendizaje para desarrollar las nuevas habilidades, una espiral que tiene varias fases, desde el establecimiento de los objetivos y la definición de cómo alcanzarlos, hasta la evaluación de los resultados y la remodelación de la estrategia, pasando por la acción en sí. Le recomiendo que el domingo por la tarde dedique una hora a diseñar proactivamente sus objetivos y sus acciones para la semana entrante. Para ello le será muy útil este programa de entrenamiento, concretamente los apartados **I, II, III** y **IV.** Al final de la semana podrá evaluar los resultados y replantear los procesos que ha utilizado; dedíquese entonces a responder a los apartados **V, VI** y **VII.**

Tal vez todo este proceso le parezca inicialmente tedioso y hasta una pérdida de tiempo, pero piense en las horas que ahorrará durante la semana al dejar de hacer cosas que no le acercan al lugar al que quiere ir. Este entrenamiento hace, además, que esté más enfocado en lo que es importante para usted y, por lo tanto, que sea más receptivo a las oportunidades que surjan.

Preparación para

SEMANA .... / MES .... / AÑO ....

I. *Evalúe y defina la meta de esta semana*

Se trata de establecer de una manera clara, concreta y específica lo que quiere alcanzar; para ello juegue con estas dos preguntas:

61. ¿Qué podría ser apasionante en mi vida? ¿Qué me ilusionaría? ¿Qué me enorgullecería lograr?

_____

_____

_____

_____

_____

_____

62. ¿Qué desafío me obligaría a salir de mi zona de confort y me permitiría evolucionar y crecer?

_____

_____

_____

_____

_____

II. Defina la altura de su desafío y la mentalidad con la que va a afrontarlo

Es el listón que se va a poner para poder estirar sus propias capacidades y que se eleven a la altura de sus metas. Aquí es esencial que comprenda que aunque las circunstancias sean difíciles, usted puede crear nuevas circunstancias que le acerquen a lo que verdaderamente quiere. Necesita una mentalidad ganadora que sea inasequible al desaliento; recuerde que si logra estirar su mente, ésta nunca volverá a sus dimensiones originales.

63. ¿Dónde podría llegar si colocara mi sueño por encima de mis dudas y supiera que tengo capacidad para alterar las circunstancias que me rodean?

III. Determine qué sentido tiene conseguir sus objetivos

Cada paso que damos lo damos en el presente pero mirando al futuro que es nuestra visión: al tomar nuestras decisiones hemos de tener en cuenta el lugar hacia el que nos dirigimos. Esto choca con una cultura tan enfocada en el corto plazo como la actual, pero ¿cuánto tiempo perdemos para dirigirnos a un lugar hacia el que a lo mejor no vale la pena llegar?

64. ¿Cómo van a influir mi visión, mi misión y mis valores en las decisiones que tome esta semana para conseguir mis objetivos? ¿He determinado de entre todos mis objetivos para esta semana cuál es el que más me importa?

IV. *Planee una estrategia*

Se trata de que se pare, piense y planee. Para que sus objetivos adquieran realidad, es muy importante que los incluya en su agenda.

65. ¿Qué voy a hacer?

_____

_____

_____

_____

_____

_____

66. ¿Cuándo lo voy a hacer?

_____

_____

_____

_____

_____

_____

67. ¿Dónde lo voy a hacer?

_____

_____

_____

_____

_____

_____

_____

68. ¿Cómo lo voy a hacer?

_____

_____

_____

_____

_____

_____

_____

V. *Revise sus resultados*

Para poder cambiar los procesos y mejorarlos hay que evaluar con la mayor objetividad posible los resultados alcanzados.

69. ¿Qué objetivos he conseguido?

_____

_____

_____

_____

_____

_____

_____

70. ¿Qué me ha dado capacidad para conseguirlos?

_____

_____

_____

_____

_____

_____

_____

71. ¿Qué desafíos he encontrado?

_____

_____

_____

_____

_____

_____

_____

72. ¿Cómo los he superado?

_____

_____

_____

_____

_____

_____

_____

VI. *Evalúe cómo ha logrado conectar con los demás*

Este apartado de resultados es fundamental ya que la comunicación es de extraordinaria importancia. Por eso quiero que le preste especial interés a la hora de valorar cómo ha conseguido mejorarla.

73. ¿He conseguido generar relaciones extraordinarias basadas en la comprensión, la tolerancia, la amabilidad y el respeto por la diversidad?

_____

_____

_____

_____

_____

_____

74. ¿He aprovechado las oportunidades que han surgido hoy para ayudar a los demás?

_____

_____

_____

_____

_____

_____

75. ¿He reconocido a los demás las cosas valiosas que han hecho hoy?

_____

_____

_____

_____

_____

76. ¿He honrado mi palabra cumpliendo mis promesas y compromisos?

_____

_____

_____

_____

77. ¿He expresado a pesar de mi miedo lo que pienso sobre algo que es para mí relevante? ¿Lo he hecho con cariño y respeto pero con valentía?

_____

_____

_____

_____

VII. *Descubra cómo ser más eficiente*

Este es un proceso de reingeniería para no repetir de nuevo lo que no funciona. Recuerde que si queremos obtener resultados distintos debemos hacer cosas diferentes. Como verá, es el apartado de preguntas más extenso, pues encierra el proceso de mejora continua. Se trata de que poco a poco se acostumbre a fijarse en los aspectos de sus actuaciones que le restan eficiencia.

78. ¿Qué objetivos importantes para mí no he logrado?

_____

_____

_____

_____

_____

_____

_____

79. ¿Qué me ha impedido lograrlos?

_____

_____

_____

_____

_____

_____

80. ¿Ha sido mi actuación decidida, comprometida y resuelta, o ha estado llena de dudas y de consideraciones?

_____

_____

_____

_____

_____

81. ¿Me he enfocado en lo que quería o en lo que temía?

_____

_____

_____

_____

_____

82. ¿He sabido tener la fortaleza de pedir ayuda?

_____

_____

_____

_____

_____

83. ¿Ha sido mi determinación por triunfar lo suficientemente grande?

_____

_____

_____

_____

_____

84. ¿He perdido tiempo y energía en cosas que eran urgentes pero no importantes o que no eran ni importantes ni urgentes?

_____

_____

_____

_____

_____

85. ¿Qué importancia he prestado esta semana a lo que no era urgente pero sí importante?

_____

_____

_____

_____

_____

86. ¿Qué nuevas acciones podría emprender?

_____

_____

_____

_____

_____

87. ¿Qué impacto creo que podrían tener estas nuevas acciones?

_____

_____

_____

_____

_____

88. ¿Cómo puedo prepararme para los posibles obstáculos?

_____

_____

_____

_____

_____

Cualquier transformación se realiza desde dentro hacia fuera, no desde fuera hacia dentro. Para poder vencer es esencial desenmascarar el poder limitador de nuestras creencias y nuestros automatismos. El camino del propio descubrimiento y del verdadero potencial es largo e intenso y por ello ha de tomarse como un juego donde unas veces se gana y otras se pierde. Cuanta más claridad tengamos sobre la verdadera naturaleza e impacto de nuestras actuaciones, tantos más éxitos cosecharemos.

Si quiere recibir más información sobre el autor,
por favor póngase en contacto a través de:

www.marioalonsopuig.com
twitter @MarioAlonsoPuig